1 第一次遇见系列丛书

第一次遇见 马可·波罗

马晓林 著

上海人民出版社　上海书店出版社

编委会

王为松　　史领空

朱国华　　孙甘露

张新颖　　陈　恒*

陈引驰　　陈建华

郜元宝　　袁筱一

倪文尖*　　谈　峥

黄　强　　彭卫国

温泽远　　阚宁辉

编委会秘书

楼岚岚　　王继峰　　徐如梦

*系编委会执委

马可·波罗肖像

(收藏于巴蒂亚亲王旧藏画馆)

在热那亚监狱中的马可·波罗与鲁思悌谦

(摘自亨利·玉尔译注《马可·波罗之书》,纽约:查尔斯·斯克里布纳之子,1903,第 II 页)

法国国家图书馆藏
《加泰罗尼亚地图集》细节：马可·波罗商队

意大利威尼斯马尔恰那图书馆藏
《弗拉·毛罗地图》细节:卢沟桥

相关内容见本书"卢沟桥又名马可·波罗桥"

台北故宫博物院藏《元世祖出猎图》

相关内容见本书"皇家游猎"

马可·波罗的父亲尼柯洛和叔父马菲奥跪见忽必烈
并呈转教皇的礼物
(法国国家图书馆藏《马可波罗行纪》手抄本 Fr. 2810 中
彩绘插图 Fol.5r)
相关内容见本书"第一次见到忽必烈"

忽必烈接见马可·波罗及其父亲、叔父
(牛津大学博德利图书馆藏《可汗之书》手抄本 MS.Bodl.264, ff.2 中彩绘插图 Fol.220r)
相关内容见本书"足足一年的等待"

襄阳之战

(牛津大学博德利图书馆藏《可汗之书》手抄本 MS.Bodl.264, ff.2 中
彩绘插图 Fol.255r)

相关内容见本书"襄阳之战"

马可·波罗和他的父亲、叔父从泉州回国

(牛津大学博德利图书馆藏《可汗之书》手抄本 MS.Bodl.264, ff.2 中彩绘插图 Fol.259v)

相关内容见本书"从泉州回国"

目 录

十七岁出门远行 1

他的模样 3
"百万"家族 9
丝绸之路的两条路线 16
十字军与骑士团 22
《寰宇记》的执笔者 29
忽必烈与教皇的第一次通信 35

忽必烈的辩论会 43

旅行的意义 45

第一次见到忽必烈 51

"活"了三千年的亚历山大 58

世界皇帝 63

刺客信条 68

襄阳之战 75

从波斯归来的丞相 82

成为皇家侍卫 89

足足一年的等待 91

皇帝的合伙人 97

语言奇才 102

元朝的两座都城 111

皇家游猎 117

1280年的"圣诞节"	121

游历大汗之国 129

卢沟桥又名马可·波罗桥	131
三件大事	139
沿着大运河旅行	146
下西洋	155
忽必烈的金牌	161

吹起了回家的风 165

从泉州回国	167
马可的朋友们	172

毕生珍藏的姑姑冠	176
意大利面与马可·波罗	180
比黄金还贵的麝香	183

马可·波罗的故事讲完了吗？   187

附录一	中外名人谈马可·波罗	193
附录二	马可·波罗大事年表	197
附录三	推荐书目	203
后记		207
我的读书笔记		211

多年以后,马可·波罗在被押进意大利热那亚的监狱时,仍回忆起在元上都护卫大汗忽必烈乘大象出行的场景。

十七岁出门远行

他的模样

十七岁的马可·波罗（Marco Polo）乘着贡多拉小舟，离开威尼斯的家，划过曲折的水道、弯弯的石桥，眼前终于豁然开朗。亚得里亚海，是地中海的一个大海湾，也将是马可·波罗一生中渡过的第一片海。在这里，他换乘大船，远航东方。

马可·波罗的传奇故事，从此启航。

马可·波罗的容貌是怎样的呢？

我们在动画片、影视剧和电子游戏里，能看到平面的或者立体的马可·波罗形象；在杭州、扬州、张掖等城市的街头，能遇到他的塑像；在历史课本或者《马可·波罗行纪》的插图中，能看到他的画像。这些形象虽有差异，但气质大体一致——这是一位精神奕奕的意大利人，而且常常留着一副络腮胡子。他穿着的长袍，不中不西，让人觉得就是丝绸之路旅行家该有的款式。他步履矫健，风尘仆仆，仿佛随时都要踏上旅程。

　　实际上,马可·波罗生前并没有留下肖像。目前我们能见到的最早的马可·波罗像,来自14世纪的《马可·波罗行纪》中的一些插图,也已经是于马可·波罗去世之后画的了。当时的插图,并不是写实的肖像,而只有寥寥几笔,颇为卡通。欧洲画师们的风格也不统一,有的画的胡须多一些,有的画的脸型长一些。这些差异并不重要。重要的是画师们都想描绘一位睿智、渊博的旅行家。惟其如此,插图与书的内容方能相得益彰。

　　一位睿智、渊博的旅行家形象跃然纸上。这是《马可·波罗行纪》这部书给读者留下的第一印象。全书开篇的十几章,讲述了马可·波罗从威尼斯到中国元朝并返回的事迹始末。他的经历可谓曲折,颇具传奇色彩,足以让读者印象深刻。

　　当今读者读《马可·波罗行纪》,一般会觉得开篇这十几章最有趣,因为随着全书进入正文,故事性就不强了,大多数内容是客观描述地理状况。中世纪欧洲的读者恰恰相反,觉得正文非常有意思。当今一些小读者也许会被书名《马可·波罗行纪》误导,以为它会是像《格列佛游记》《骑鹅旅行记》《西游记》那样的旅行冒险文学。如果带着这样的期待,难免会失望——主角马可·波罗在正文里只是偶尔才出现。实际上,《马可·波罗行纪》是16世纪才改的书名,与它的成书本意不符。它最初的书名是《寰宇记》,即"世界记",也就是说这是一部描述世界地理和人文状况的百科全书。这因应了中世纪欧洲读者的巨大需求。

中世纪欧洲人,渴求东方地理知识,尤其对中国充满好奇。但是在马可·波罗之前,几乎没人到过中国。他们对中国的了解,大多是道听途说。

早在古罗马时期,欧洲人就听说东方有一个盛产丝绸的国度。他们不知中国之名,仅称之为"丝国"(Seres)。丝绸,在古罗马是顶级的进口奢侈品,达官贵人们以穿着丝绸为荣。"丝国"无疑令欧洲人心驰神往。中国的养蚕纺丝技术,独步世界。中国的丝绸,经由中亚、波斯,辗转贸易,进入欧洲。很多消息在此途中被反复"中转",以至以讹传讹。欧洲人一度认为丝是一种长在树上的羊毛。

欧洲人无法直接与中国接触，因此消息相当滞后。中国的第一个统一王朝"秦"的名称"Cin"传入印度、中亚，再经由波斯、阿拉伯传入欧洲时，秦朝都灭亡几百年了；而"Cin"这个名称却非常流行，演变至今就成了英语里的"China"。

在中世纪，欧洲还流行用"契丹"（Kitai/Khitan）指称中国。契丹指的是辽朝（907—1125年），与西域诸国通过丝绸之路保持密切的贸易往来，所以西域人用"契丹"指辽朝控制地区，后来泛指中国北方。在马可·波罗出生的13世纪，辽朝已经灭亡一百多年了，但欧洲人还在用"契丹"这个名称。不仅如此，他们也还不知道"丝国""秦""契丹"是同一个地方。

中世纪欧洲人若写地理书，就把上千年来积累的关于东方的知识，一股脑堆在一起，至于关于中国到底有多大，一共有多少座城市，有哪些大江大河等内容，一概含混不清；在画地图时，他们只能胡乱画个轮廓，把辗转听来的地名全写上去，古今混杂，南北颠倒。反正人们也无从求证。

到13世纪，世界改变了。成吉思汗横空出世，从草原上崛起，宛如风暴，席卷欧亚大陆。到 13 世纪中期，成吉思汗的子孙统治了欧亚大陆的一大半，政治局势趋于稳定，驿站四通八达。这一"改变"的客观结果是丝绸之路大畅通，前所未有。

商人们长途贸易，使者们不辱使命，他们逐渐将新的消息带回欧洲，遥远东方的神秘面纱被缓缓揭开。少年马可·波罗正是在这样的社会背景中成长的。在威尼斯，商船往来不断，街谈巷议中的地理知识日新月异。然而，这些片段化的知识，不能满足马可·波罗这样的聪慧少年。旧的东方地理知识体系令人困惑，却无法被彻底打破。商人家族血液中的冒险精神，让马可·波罗企盼真正的旅行。

马可·波罗从威尼斯港出航进入亚得里亚海，很多船帆远去，消失在天际。想象着未知世界的奇景，他年轻的心，就像海浪一样澎湃起伏。

这是马可·波罗人生中的第一次远行。他也许从一开始就不只是想成为一名合格的商人，但他肯定也没有预想到，自己会因为一本书而成为世界历史上最伟大的旅行家之一。三十年后，马可·波罗口述成书的《寰宇记》开始在欧洲广为流传,一时洛阳纸贵。作为当时极少数去过中国的欧洲人之一,马可·波罗终于扫除了地图上的迷雾,描述了当时一个欧洲人所能知道的最大世界。人类对于未知世界的探求,实出于本能。

今天,我们虽然自幼学习掌握世界地理知识,但在读马可·波罗的《寰宇记》时,总会遇到不熟悉的地域。观察那些内陆小国、印度洋岛屿,应该仍能让我们获得扫除地图迷雾的快乐;而其中所记七百多年前的历史人文,对今天的我们而言是另一个未知世界,能够给予我们很多探求的乐趣。对一个历史研究者而言,细读其书,参考元代中外史料,在文字的缝隙中,找到马可·波罗的踪迹和个人性格,并与大家分享,是莫大的乐事。

马可·波罗离开意大利时,十七岁。对他而言,一切都是崭新的。世界像一本书一样,正向他一页一页展开。

"百万"家族

马可·波罗在十五岁时,已有将近十年没见过父亲。

在马可·波罗六岁时,他的父亲尼柯洛便出海经商。意大利人像中国人一样,看重家族,聚族而居。马可在整个家族的养育下,度过了童年和少年时期。因为母亲过早去世,所以马可独立生活的能力应该过于常人。

当今,在意大利,《马可·波罗行纪》一书一般被称为《百万》,得名于马可·波罗的绰号"百万"。以往人们以为,绰号"百万"的意思是指马可·波罗讲话夸张,动辄把"百万"挂在嘴边。后来学者研究发现,这种说法完全是臆测。实际上,马可·波罗家族的很多成员早就有"百万"绰号,大概是指他们颇有家资。

说马可·波罗爱吹嘘,是对马可·波罗的污蔑。

越来越多的研究表明,马可·波罗是一位务实、理性的人,不尚浮夸。商人家族的教育,并没有带给他狡诈、吝啬的性格。其实威尼斯商人不止一种。在莎士比亚的喜剧《威尼斯商人》中,就不仅有反面人物夏洛克代表的奸商,也有以安东尼奥为代表的宽厚正直的威尼斯商人。马可·波罗的性格,受到了威尼斯商人的正面影响。

一名成功的中世纪威尼斯商人,不仅要有商业头脑,也要有实干能力和合作精神。因为威尼斯商人从事海上贸易,总要面对惊涛骇浪;在异国他乡经商,总要面临艰难险阻。只有团队合作,互帮互助,才能成功。波罗"百万"家族,采取了典型的威尼斯商业经营模式——兄弟合伙。

马可·波罗的伯父、父亲、叔父是三兄弟:老马可、尼柯洛、马菲奥。

伯父老马可,与马可·波罗同名。为了避免混淆,我们称他为老马可。西方人习惯在家族里传承名字。尼柯洛的儿子叫马可,马可的儿子叫尼柯洛,大概能表达关系亲密、互相尊敬的意思。老马可的儿子,也就是马可·波罗的堂兄,确实叫尼柯洛!

老马可、尼柯洛、马菲奥三兄弟渡海离开威尼斯,展开了商业冒险。他们的经历一波三折,为马可·波罗的中国之行埋下了伏笔。

波罗兄弟起初到君士坦丁堡(今土耳其伊斯坦布尔)经商。君士坦丁堡,被誉为世界的十字路口,其西为地中海,东为黑海,连结起亚、欧、非三大洲。波罗兄弟在君士坦丁堡经商期间,突遇风云变幻。1261年7月,当地发生政权更迭。拉丁帝国覆灭,希腊人重建拜占庭帝国。拉丁帝国主要是在威尼斯商人的支持下建立的,1204年驱逐拜占庭帝国,控制君士坦丁堡。随着1261年拉丁帝国覆灭,威尼斯人纷纷逃离君士坦丁堡。波罗兄弟也不例外。他们向东渡过黑海,抵达克里米亚半岛的苏达克城(Sudak)。

苏达克是当时黑海的贸易中心。波罗兄弟在此建立"兄弟商会"。老马可在城里开店,号称"坐商",而尼柯洛和马菲奥出外采购、贩卖,号称"行商"。苏达克北方和东方广阔的平原地带,都在金帐汗国的控制之下。金帐汗国的统治者蒙古贵族,热衷于招徕商人。西欧商人已在苏达克城聚居经商二十多年，常与蒙古人打交道。尼柯洛和马菲奥经过咨询、商议之后，启程前往伏尔加河畔，携带宝货，觐见金帐汗国统治者别儿哥（Berke，1257—1266年在位）。别儿哥大悦，回赠他们两倍于宝货价值的货物。于是，尼柯洛和马菲奥在金帐汗国经商一年。

1262年下半年，金帐汗国与伊利汗国爆发战争。别儿哥失利，战火蔓延到金帐汗国的中心钦察草原。尼柯洛和马菲奥无法西返，决定向东贸易。他们渡过伏尔加河，穿过沙漠，抵达中亚大城不花剌（Bukhara，今乌兹别克斯坦布哈拉）。

他们在不花剌经商，听闻金帐汗国与伊利汗国的战争结束，局势稳定，正打算西返，却遇到了一个使团，从此开启了中国之行。这是波斯的伊利汗国派往元朝的官方使团。使臣们对波罗兄弟说，大汗忽必烈没见过"拉丁人"，定会优待你们。于是，波罗兄弟跟随使团，向东进发，于1266年抵达元朝。

忽必烈接见波罗兄弟，询问欧洲的风土民情，逐一得到答复后，大为喜悦。忽必烈是一位气度非凡的皇帝，一直对世界充满好奇心。忽必烈问波罗兄弟："富浪的皇帝是谁？"

元朝人称欧洲为"富浪"，也就是法兰克（Frank），代指整个欧洲。其实我们知道，欧洲自从罗马帝国灭亡之后就再也没有统一过，邦国众多，哪有皇帝呢！教皇是全欧洲的宗教领袖，但不掌握政权。如果说欧洲非要有一位皇帝，那么波罗兄弟只好回答是教皇了。

忽必烈于是命人撰写书信，与教皇通好。他派遣一位名叫阔阔台的使臣，与波罗兄弟一起，携带书信和礼物出发。骑行了二十天，阔阔台患病，不能前行。波罗兄弟辞别阔阔台，骑行经中亚、波斯、小亚细亚，1269年4月抵达地中海东岸的阿迦城（Acre，今以色列阿卡），却听闻教皇克莱芒四世于前一年年底刚刚去世。按照程序，新的教皇需要选举产生。但因为教会内部纷争，新教皇始终未选出来。尼柯洛和马菲奥等了许久，决定乘船先返回威尼斯。

十五岁的马可·波罗，终于盼到了父亲的归来。然而，家门口站着的这位风尘仆仆的中年人，让马可不敢相认。十年未见,眼前人已不再是记忆中父亲的容貌。丝绸之路上的风霜雨雪,让尼柯洛愈加沉稳老练。倒是叔父马菲奥,依然平易近人,善解人意。

他们一起在威尼斯生活了两年。在这两年里,主要是马菲奥为马可讲述他们兄弟二人的旅行经历。尼柯洛和马菲奥的第一次中国之行,是一次次的机缘巧合造就的。君士坦丁堡的政权更迭、金帐汗国的战争、不花剌的波斯使臣,一步一步将他们带到了中国。

波罗兄弟在中国停留的时间不长,但对中国的繁荣富庶已经略知一二。丝绸之路的交通,不再阻碍重重。在从中亚到中国的旅程中,他们学会了东方的语言。忽必烈的博大气度,更令他们印象深刻。他们带着忽必烈的使命西来,理应尽快回中国复命。尼柯洛和马菲奥在归来时,就坚定了再次出发的决心。聪颖干练的马可,也会成为他们在丝绸之路上的好伙伴。在威尼斯的两年里,他们有足够的时间教马可语言和知识。

1271年,十七岁的马可·波罗,偕同他的父亲尼柯洛、叔父马菲奥,登上威尼斯的商船,开启他们二十六年的丝绸之路大旅行。其中最令人称道的,当然是他们旅居中国十七年的见闻。

丝绸之路的两条路线

在出发东行之前,波罗家族必然曾在家中商议旅行路线。其实主要是尼柯洛与马菲奥谈,同时给马可讲解丝绸之路旅行的知识。

丝绸之路,是19世纪末德国地理学家李希霍芬(Ferdinand von Richthofen,1833—1905年)提出的概念,用以定义古代东西方之间的交通路线。这一概念,至今被广泛接受。丝绸,确实是古代东西方贸易中最重要的商品。想必古人也会乐于接受"丝绸之路"这一名称。

自古以来,从意大利通往中国的丝绸之路,主要有两条路线可供选择。

第一条路线,是从地中海到黑海,经过今乌克兰、俄罗斯南部,渡过伏尔加河、乌拉尔河,从里海北岸进入中亚。这是1261—1266年尼柯洛和马菲奥走过的路——因为君士坦丁堡的政权更迭,波罗兄弟前往黑海北岸避乱，才走上了这条路。1268年，威尼斯共和国与拜占庭帝国签订和约，威尼斯商人得以重返君士坦丁堡。马可的伯父老马可从黑海北岸返回君士坦丁堡，重新开店，而波罗家族在苏达克的房产和商业，由老马可的儿子小尼柯洛接手。尼柯洛、马菲奥和马可若经君士坦丁堡前往黑海，自然是很方便的。

"那为什么不去黑海呢？"马可问。

从黑海到中国，需要横穿金帐汗国。尼柯洛和马菲奥因为曾取得金帐汗国统治者别儿哥的信任，所以畅行无阻。然而，当1271年他们带上马可，准备再次出发时，别儿哥已于1266年去世。别儿哥的侄孙忙哥帖木儿（Möngke Temür，？—1280年）继承其位。忙哥帖木儿与忽必烈关系紧张。从理论上讲，忽必烈是成吉思汗所有子孙的家长。但忙哥帖木儿不愿意接受忽必烈的领导。金帐汗国距离元朝路程遥远，忽必烈鞭长莫及。忙哥帖木儿在金帐汗国境内发行钱币，钱币上面没有印制大汗忽必烈的名字，只有忙哥帖木儿自己的名字。威尼斯商人们日常经手大量钱币，应该敏锐地察觉到了这一点。

尼柯洛和马菲奥的目标，不是与金帐汗国的新君主建立商业合作关系，而是去元朝完成忽必烈交付的使命。因此，他们选择了丝绸之路的第二条路线，也就是他们1268—1269年从中国回来时所走的中亚、波斯之路。

马菲奥说，选择波斯路线，有三个好处。

第一个好处，是地理环境优良，交通条件好。在人类历史上，这一直是丝绸之路的主干线。前面说的第一条路线，由黑海、里海北岸到中亚，一马平川，都是草原和沙漠地貌，便于骑兵高效行军，但是气候寒冷，天然庇护所和城镇少，携带货物的商队大受限制；而从中东到中亚的路线，气候温暖，穿过波斯，绿洲连绵，水源丰富，因此自古以来受商队青睐。

马可听着，脑中浮现出丝绸之路商队的形象，不禁神往。

马菲奥掏出他的随身小本子——在泛黄的羊皮纸上，记录着波罗兄弟走过的丝路城市的名称、里程、物产。他继续说："这条路上有很多驿站。"

实际上，这条交通路线得到了上千年的人工修缮和维护——早在古波斯帝国时期（公元前550—公元前330年），交通驿站就得到大规模修建。后来的诸多政权，对于西亚到中亚的交通建设都有贡献。蒙古帝国带来了交通的新发展。成吉思汗之子窝阔台（1186—1241年）继承其位之后，成为一位卓越的制度建设者。有趣的是，在《元朝秘史》一书的结尾，窝阔台作为最高统治者，突然开诚布公地评价自己在位期间（1229—1241年）的四功四过。在四功中，"立了驿站""在无水处穿了水井"两件，其实都是对交通建设的贡献——建设驿站交通设施，保证水源供应。经过窝阔台时期，驿站系统在蒙古帝国的保护和维持之下，东起中国海，西至地中海，每二十五或三十里就有一座驿站，即使在荒凉的地方也是不超过三十五或四十五里就有一座驿站，整体构成了四通八达的交通网。为保证驿站正常运作，朝廷还专门设置"站赤"负责管理，设置"站户"负责供应马匹和粮食。

马可问："官方修建的驿站，我们商人能使用吗？"

马菲奥微笑着摸出一件金光灿灿的牌子。尼柯洛说："这就是我们走这条路线的第二个好处。"普通商人使用驿站，必须自备马匹，自费食宿。但尼柯洛和马菲奥有忽必烈颁赐的一面金牌。这面金牌，呈长方形，表层镀金，上有元朝皇家印记，顶部有一个圆孔，便于佩戴，是官方身份的标识，也作为使用驿站"服务"的通行证。按忽必烈的圣旨，在尼柯洛和马菲奥可能经过的所有地区，当地那些臣服于忽必烈统治的所有首领必须给予他们所需要的住宿、船只、马匹、人员，并护送他们离开当地前往下一个目的地，还要为他们提供旅途所需的任何其他物品，就像忽必烈本人经过那里一样。

马可双手接过马菲奥递过来的金牌，捧在手上，反复端详。上面竖着写的文字，他还不认识。直到他后来去往中国，才终于能流畅地识读出来："依靠长生天的气力，祈愿皇帝名号有福。谁若不信从，将获罪并死亡！"

马菲奥接着说第三个好处："波斯之王是忽必烈的亲兄弟。"忽必烈的弟弟旭烈兀（Hülegü, 1217—1265年），在波斯建立了伊利汗国。忽必烈与旭烈兀兄弟情深。伊利的意思，是臣服、附属。伊利汗国之名，就是表达臣服于大汗忽必烈之意。波斯统治者接受元朝册封，自认为是元朝的宗藩。旭烈兀与堂兄弟别儿哥关系剑拔弩张，为争夺高加索地区的土地和人口，兵戎相见。尼柯洛和马菲奥在金帐汗国境内经商，是这场战争的亲历者。他们听说，双方共出动军队六十五万，皆勇武善战。最终别儿哥军大败，旭烈兀军杀入金帐汗国腹地。尼柯洛和马菲奥为躲避战乱，向东进入中亚。后来他们听说，旭烈兀军虽然获胜，但也伤亡惨重，不复能战，休兵归国。旭烈兀去世后，其子孙继承伊利汗国，继续与元朝保持亲密关系。因此，尼柯洛和马菲奥戴着忽必烈的金牌，将会在波斯得到官方的照顾，通行无阻。

十字军与骑士团

波罗家族商定选择波斯路线,于是从威尼斯出海,航向地中海东岸的阿迦城。

马可一直听着父亲和叔父的讲解,苦于自己年少无知,无从置喙。这时,在船上,他望着海天一色,灵机一动,说:"除了前述三个好处,可能还有第四个好处。地中海东岸的十字军,可以为威尼斯商人提供便利。"

十字军东征,是欧洲封建领主和骑士以教皇之名在1096—1291年发起的军事运动,目标是从穆斯林手中夺取耶路撒冷。十字军东征,先后有九次,前后经历两个世纪,十字军一度夺取耶路撒冷,建立耶路撒冷王国。在马可·波罗的时代,十字军运动已经接近尾声,耶路撒冷国王退出圣城,其头衔变得名不副实。但十字军尚能保住地中海东岸的一些城堡。其中,阿迦城便是由海登陆的交通要地。

尼柯洛闷哼了一声,对儿子的发言不置可否。他其实想起了伤心的往事。

威尼斯人和十字军关系微妙。威尼斯共和国是商人主导的政权,注重商业逻辑,对于收复圣地这种虚幻的目标,没太大热情。教皇号召东征,西欧各国满怀宗教热情地出人出力,而威尼斯将之看作扩大商业版图的方式。宗教和商业具有不同的动机和目标,两者的矛盾,导致了荒诞的第四次十字军东征(1202—1204年)。出征前,骑士们与威尼斯订立契约,约定由威尼斯建造五十艘武装桨帆船,并提供给养。威尼斯共和国动员商人暂时放下贸易活动,筹措资金,将船舶建造完成、给养配备齐全。然而,骑士们却未能动员出足够的人力和财力,无法支付费用。威尼斯濒临破产,急需收益补足财政缺口。威尼斯执政官于是让十字军登船出征,但他们并非去收复圣地,而是掉转矛头,攻陷了两座基督教城市——克罗地亚港口札达尔,以及拜占庭的都城君士坦丁堡——都是港口。在基督教世界内,竟同室操戈。教皇闻讯,大怒,将这批十字军开除教籍。而战争中大肆掠夺的财富,让威尼斯共和国收回了投资成本。十字军建立的拉丁帝国，让威尼斯人得以垄断海洋贸易。这种情况持续了半个世纪，1261年，拜占庭重夺君士坦丁堡，拉丁帝国灭亡，威尼斯人纷纷逃亡。波罗兄弟就在其中。回忆起当时的仓皇窘境，尼柯洛不禁叹了口气。历史的车轮滚滚而来，小人物只能抱头鼠窜。既然享受了威尼斯共和国海外扩张的福利，就要承受其产生的恶果。

马可不知父亲为何喟叹，以为是海外十字军形势不妙，说："去年（1270年）路易九世发动了十字军东征，可惜大业未成，中道崩殂。"马可这时说的是法语，显得文绉绉。

路易九世（1214—1270年），是法国国王，当时声望很高，治国理政卓有成效，因此其统治时期被誉为法国中世纪"黄金时代"。路易九世也是唯一一位被追封为圣徒的法国国王，被称为"圣路易"，因为他极为虔诚，共发动过两次十字军东征。但是，这两次出征都不成功。1248—1254年的第七次十字军东征，进攻埃及的穆斯林王朝，结果路易九世兵败被俘，支付了高昂的赎金才获得释放。路易九世心有不甘，经过多年谋划，终于在1270年发动第八次十字军东征，进攻北非突尼斯的穆斯林王朝。在炎热的8月，突尼斯瘟疫流行，将士多病，路易九世染病而亡。据说，他临终呢喃："我要到耶路撒冷去了。"这次十字军东征遂以失败告终。马可·波罗说的，就是这一事件。

马菲奥说："路易九世虽死，但英国王子爱德华接踵其后，从欧陆南下募集军队，如今正在西西里，准备再次出征。而且阿迦城有圣殿骑士团、医院骑士团，可保无虞。"

自从十字军运动发起后，地中海东岸需要常备兵力，于是骑士团得以组建，主要组建了医院骑士团、圣殿骑士团、条顿骑士团，号称三大骑士团。13世纪，条顿骑士团转到东欧活动，而圣殿骑士团、医院骑士团成了阿迦城的主要守护者。

尼柯洛和马菲奥自中国返回时，在阿迦城停留了几个月，对当地情况颇为熟悉。这两大骑士团不仅作战英勇，而且各有所长。医院骑士团，主要从事医护和慈善事业。圣殿骑士团，精通金融，创立了世界上最早的银行。在这一点上，圣殿骑士团与威尼斯商人一拍即合。1258—1272年，热那亚和威尼斯两个共和国争夺阿迦城的贸易主导权，医院骑士团支持热那亚，圣殿骑士团则与威尼斯结盟。在阿迦城内，威尼斯人的聚居区有一公顷多，东临海湾，位置绝佳。

马可从船上眺望阿迦城。这座城由灰白色的巨石砌成，倒映在湛蓝的海洋中。

阿迦城屹立海滨，历史悠久，1104年被十字军征服。12世纪末，英格兰国王"狮心王"理查一世与穆斯林王萨拉丁争夺阿迦城。这段双雄对决的故事，马可·波罗耳熟能详。阿迦城是十字军控制的最大港口，整座城建在海岬上，凸出在海中，城墙坚固，高塔耸立，出于军事防御需要，不断加固城防。圣殿骑士团在城内的总部要塞挖掘了一条秘密地道，长150米，通往城外的海岸，以备在遭到围攻时运送人员和财物。但这也没能阻挡阿迦城在1291年被埃及马穆鲁克王朝攻陷，这标志着两百年的十字军运动的终结。也正是这一年，马可·波罗告别了中国。这是后话。

阿迦城规模不大，人口稠密。马可随着父亲、叔父进城后，就听说英国王子爱德华在不久前的5月刚抵达。王子爱德华（1239—1307年）相貌堂堂，身材高大（188厘米），绰号"长腿"。爱德华起初想要参加路易九世的十字军，后获知路易九世死于西线，遂企图从地中海东岸发起进攻。爱德华雄心勃勃，但响应者寥寥。爱德华的长腿都快跑断了，欧洲的王公贵族却依旧态度冷淡。他在西西里募兵未能成功，只带了几百名骑士来到阿迦城。

即便如此，爱德华仍被视为地中海东岸十字军的唯一希望。十字军的城堡在此前的四五年间纷纷陷落。爱德华四处奔走，但始终组织不起一支成规模的部队。

马可·波罗离开阿迦城后不久，1272年初的一个夜晚，爱德华和王妃埃莉诺在阿迦城的府邸中已经入睡，突然传来谍报，爱德华急忙起身接见报信人，匆忙间只穿着内衣。没想到来者是一名刺客。爱德华躲闪不及，被一把淬毒的匕首刺伤髋部。爱德华忍痛挥出一拳，击倒刺客，即从桌上抽刀，砍中刺客头部。刺客立时毙命。爱德华中了毒,幸赖王妃埃莉诺为他吸出毒血,才保住性命,后休养了数月才痊愈。康复后,他就返回英国继承王位,成为爱德华一世(1272—1307年在位)。最后一次十字军东征,就这样草草收场了。

《寰宇记》的执笔者

托爱德华王子的福,马可·波罗在阿迦城时,遇到了改变他命运的两个人物。

第一位是鲁思悌谦(Rustichello da Pisa)。他在爱德华身边,本是个不太起眼的小人物,但正是他让马可·波罗闻名于全世界。鲁思悌谦未来成了马可·波罗《寰宇记》一书的执笔者。

鲁思悌谦,是比萨人。比萨,是13世纪托斯卡纳地区的中心,文化比佛罗伦萨还要繁荣。在这种环境的熏陶下,鲁思悌谦精通法语,而且有一种浪漫骑士情怀,因此加入了爱德华的东征军阵容。当时英国的王公贵族无不精通法语,爱德华也不例外。

鲁思悌谦并非骑士,在爱德华帐下是一名谋士。但鲁思悌谦的骑士精神,打动了爱德华。爱德华将自己收藏的一部书《亚瑟王圆桌骑士传奇》赠予鲁思悌谦。

亚瑟王,是传说中的英国古代国王,历史上并无此人,但其传奇故事从12世纪开始广为流传。其中如关于石中剑、圣杯,以及魔法师梅林的奇幻故事,都脍炙人口。亚瑟王身边的圆桌骑士们,大多有独立成篇的传奇故事。特里斯坦,就是其中很有名的一位,有好事者将他排在圆桌骑士武力榜第二名。特里斯坦是凯尔特人,出身于王族,不仅武艺高强,而且浪漫深情。《特里斯坦传奇》,以特里斯坦与伊索尔德的爱情故事为主线,串联起一系列的奇幻冒险经历,和《罗密欧与朱丽叶》并称西方两大爱情经典。英雄与美人,是古往今来深受读者欢迎的主题。

在马可·波罗的时代,欧洲的王公贵族们热爱阅读亚瑟王传奇,皆以圆桌骑士为楷模。爱德华王子作为十字军领袖,读《特里斯坦传奇》,更是有代入感,以至于他在东征时也要携王妃同行。鲁思梯谦对于英雄美人的传奇,心向往之,后来将《圆桌骑士传奇》翻译为意大利北部方言。

今天,鲁思梯谦以作家的身份为世人所知。实际上,他的作品只有两部,一部是翻译的《圆桌骑士传奇》,一部是马可·波罗口述的《寰宇记》。就文学造诣而言，鲁思悌谦并非专职作家，缺乏原创性，与同时期东西方的大作家关汉卿、但丁无法相提并论。鲁思悌谦的最大文学成就，是执笔马可·波罗《寰宇记》。而此前他翻译《圆桌骑士传奇》，为执笔《寰宇记》积累了文字经验。两部书的序言十分相似，使用了很多雷同的辞藻，有点像是古代说书人的套话。

但总体而言，鲁思悌谦行文质朴无华，较为忠实地反映了马可·波罗口述的风格。这里有一个有趣的例子。在《寰宇记》某一章的最后，马可·波罗叙述：

> 咱们离开此地，讲讲上述的大海（黑海）。许多商人和其他人的确都很了解这个地方，但还有许多人从未听说过此地。由此，最好还是为他们稍作介绍。我们从入海口开始，即君士坦丁堡海峡。*

---

* 本书所引马可·波罗《寰宇记》内容，系笔者综合诸本译为中文，利用了威尼斯大学教授布尔乔（Eugenio Burgio）、席密恩（Samuela Simion）提供的诸本资料，参考了以往诸家译本，尤其是南开大学外国语学院彭倩老师的译文、北京大学"马可·波罗"项目组师生集体译文以及日本高田英树先生的日译文。

到下一章开头,马可·波罗开始介绍黑海,但只说了一句,他就后悔了:

> 在海峡入口,即进入大海的地方,西侧有一座名为法罗(Faro)的高山……我们想为诸位介绍大海,上文已开始介绍,但咱们决意停住,因为这些实为人尽皆知的内容。因此,咱们就此打住,讲讲其他内容。

马可·波罗突然觉得,西方很多人对黑海已经很了解了,于是改了主意,不再讲下去。如果是一位追求完美的作家,肯定会删除马可·波罗这段没说完的话。但鲁思悌谦照实笔录,没有修饰润色。

我们在读书时,遇到华丽的词句,总是要小心,过度华丽往往遮蔽事实。

1272年9月,爱德华离开阿迦城,结束十字军东征。鲁思悌谦也返回意大利。十二年后,1284年,比萨与热那亚两个城邦之间爆发海战,鲁思悌谦奋勇参战,被俘后,被囚禁在热那亚的监狱中。又过了十四年，威尼斯与热那亚爆发海战，马可·波罗被俘。两人在狱中相见。正所谓无巧不成书，这真是命运的安排！距离在阿迦城的初次见面已二十多年，他们一开始或许都没认出彼此。

在阿迦城时，一个小谋士、一个小商人，都是那么微不足道。阿迦城一别，二人一东一西，转眼二十多年过去。鲁思悌谦感慨自己一事无成，既没能屠戮恶龙，建立功勋，也没找到梦中的伊索尔德，连赎金都交不出，被关在狱中十几年。在热那亚狱中，颇有一些穷困潦倒、通晓文墨的囚犯，通过编写一些书籍换取钱财。鲁思悌谦于是翻译了《圆桌骑士传奇》。

而马可·波罗自阿迦城东行之后，穿越亚洲，走遍中国，横渡印度洋，人生经历波澜壮阔。壮年的马可·波罗，很有人格魅力，谈起他所走过的丝绸之路，更是滔滔不绝。鲁思悌谦听得如痴如醉，突然灵机一动——为何不把马可·波罗的见闻写成书呢？当时热那亚狱中流行编写百科全书式的地理书，很受读者欢迎。马可·波罗掌握的地理知识，在以往的书里从未出现过，肯定有人愿意买。鲁思悌谦想起有狱友在编书时用过"记述寰宇世界"的说法,于是将马可·波罗的书定名为《寰宇记》。

马可·波罗记忆力超群,但难免有记不清的地方,于是写信让叔父马菲奥寄来他的随身小本子做参考。

鲁思悌谦本想让马可再讲一些奇幻冒险故事。但马可是个理性的人。他认为,若掺入怪力乱神,就有损于亲身经历的真实性,而客观地讲述自己的见闻,已足令欧洲人大开眼界。

鲁思悌谦表示同意,仅在个别细节上加了几笔浪漫色彩。

就这样,1298年,这部旷世奇书诞生了。

忽必烈与教皇的第一次通信

马可·波罗在阿迦城时,遇到了改变他命运的第二个人物。这可是个大人物。

1271年5月,与爱德华一同来到阿迦城的,有一位尊贵的老人梯博·维斯孔蒂(Teobaldo Visconti)。梯博是意大利皮亚琴察(Piacenza)人,担任教皇特使,前来阿迦城赴任。

在阿迦城遇见梯博,尼柯洛和马菲奥大喜。此前波罗兄弟在威尼斯等了两年,是等面见新教皇,以向忽必烈复命。两年过去,新教皇迟迟未能选出。眼见遥遥无期,他们等不及,便带上马可出发了。既然教皇还是没有选出来,那么教皇特使可以代为向忽必烈回信。

《马可·波罗行纪》载,1269年,尼柯洛和马菲奥在阿迦城便遇到了教皇特使梯博。实际上,当时梯博在法国列日(Liège,今属比利时)的教堂里任助祭之职,不在阿迦城。波罗兄弟在阿迦城见到的是另一位教会尊长。马可·波罗后来在回忆时误把两人合而为一。毕竟马可在1269年并没有到过阿迦城,而且马菲奥也并非事无巨细地在随身小本子上记录,主要记录的是与经商有关的地理信息。

书归正传。梯博欣然应允波罗家族一行三人的请求,以教皇特使的身份写了回信。他们带着回信出发。但从阿迦城向东的陆路不通,他们必须乘船向北,抵达小亚细亚的阿亚思(又译剌牙思,Ayas,今属土耳其)登陆,然后穿过亚美尼亚,进入波斯。

戏剧性的事件发生了。波罗家族一行三人刚走,梯博就收到了教廷的官方通告——他被选为了教皇!梯博始料未及,大概因为他是在法国活动的意大利人,所以被选上。梯博立即派人去追他们三人。当时他们已抵达阿亚思。于是,他们又渡海回来,面见梯博。梯博以教皇格列高利十世的身份重新写信。拿着这封信,波罗家族一行三人真正可以向忽必烈复命了。

忽必烈与教皇之间的往来通信,这是第一次。但忽必烈在即位之前早就接触过教皇的使者。

教廷第一次听说蒙古,应该是在1219—1223年成吉思汗西征时。成吉思汗西征,主要攻打中亚花剌子模国。西亚两河流域的主教们对此有所耳闻,撰写书信向教皇报告。但因地理距离遥远,教廷并未重视。真正让欧洲震动的,是1236—1241年的拔都西征——拔都,是成吉思汗的长孙,作为统帅,而成吉思汗的其他皇孙们率领各自麾下的军团参战,各逞勇武。尤其是1241年的斩杀波兰西里西亚公爵亨利二世、大败匈牙利国王贝拉四世,两场大战,震惊了整个欧洲。欧洲对蒙古懵然无知。在他们看来,蒙古骑兵仿佛从天而降,宛如上帝之鞭,代天伐罪。

教廷急忙寻求应对之策,于1245年在法国里昂召开大公会议,决定一方面加固城防,筹备军事,另一方面遣使交涉,刺探情报。教皇英诺森四世派出三支使团,走不同的路线。

两支使团在抵达中东后,就无力前行。其中有阿思凌(Ascelin)等人,在高加索地区见到了蒙古统帅拜住(Baiju)。拜住曾是成吉思汗身边的侍卫,后来率军镇守遥远的高加索地区,趁着皇位继承纷争、中央控制力减弱的机会,成了独霸一方的军阀。阿思凌不谙外交辞令,上来就说:"教皇高于一切。"拜住大怒,要将他们处死,三次下令,三次收回成命。阿思凌等人吓破了胆,匆匆告辞回国。拜住命人给教皇回信,毫不客气地说:"你的来使言语傲慢,我们不知道他们这样做是奉你的命令,还是自作主张。"这次出使,沟通无效。

另一支比较成功的使团,走的是北方丝路,也就是尼柯洛和马菲奥初次走的路线——先抵达中亚,再前往蒙古草原。使团首领是教内的大人物约翰·柏朗嘉宾(John of Plano Carpini,约1180—1252年),他年事已高,身材肥胖,步履缓慢,常常需要人抬着走。1246年,柏朗嘉宾抵达草原都城哈剌和林,适逢第三任皇帝贵由(元定宗,1246—1248年在位)登基。

贵由是忽必烈的堂兄。忽必烈作为宗王,也参加了这次登基仪式,肯定对这位欧洲使者有深刻印象。柏朗嘉宾年高德劭,身宽体胖,宛然一位得道高僧,获得了蒙古贵族的尊重。但是柏朗嘉宾带来的教皇书信，让贵由觉得莫名其妙。贵由命人给教皇回信："你在信里劝我受洗、信教，我不理解。长生天气力里，日出日没之地，尽为我有。你想要约和，应当亲自前来。"总之，蒙古人觉得教皇不可理喻，但柏朗嘉宾这样的高僧值得尊重。

柏朗嘉宾走后，忽必烈有二十年没见过欧洲使者。1253—1255年，法国国王路易九世派遣的修士威廉·鲁布鲁克（William of Rubruck，约1215—1295年），到达蒙古草原。当时宗王忽必烈出征大理，鲁布鲁克无缘得见。1260年，忽必烈登基为帝。1266年，尼柯洛和马菲奥在波斯使团的劝诱之下从中亚前往中国，最终促成了忽必烈与教皇的第一次通信。因此，尼柯洛和马菲奥身为第一次通信的信使，总觉得要尽快复命。

教皇格列高利十世不仅撰写了回信，还给波罗家族一行三人派了两名旅伴——尼柯洛·维琴察（Nicolau de Vicense）、古列尔莫·的黎波里（Giulielme de Tripule）——都是多明我会（欧洲中世纪两大修道会之一）的修士。9月中旬，他们再次乘船前往阿亚思。

之所以要渡海去阿亚思,是因为从阿迦城向东走陆路必经的叙利亚,被埃及的马穆鲁克王朝控制了。

马穆鲁克王朝是穆斯林政权,是十字军的死敌,也是蒙古人的对手。1259年,伊利汗国西征的先锋军,最远抵达艾因扎鲁特(Ayn Jalut,今以色列北部),却败于马穆鲁克军,先锋大将阵亡,西征便结束了。

在艾因扎鲁特击败蒙古先锋的人,是马穆鲁克大将拜巴尔斯(Baybars,1223—1277年)。马穆鲁克,就是奴隶的意思。拜巴尔斯本是钦察草原上的游牧民,早年被卖到埃及为奴,因为作战勇敢,能力出众,被任命为御前侍卫"奔多达尔"(Bondokdar,箭士)。随着战功日渐卓著,权力日增,他索性杀君篡位,自己做了统治者"算端"(即苏丹)。拜巴尔斯的官号"奔多达尔",成了他的绰号。马可书中就称他为"奔多达尔"。

十字军与伊利汗国既然有共同的敌人,就开始洽谈联盟,以期东西夹击。路易九世与旭烈兀断断续续互遣使者,但直到路易九世病逝于北非,联盟也没谈成。1265年,旭烈兀去世,其子阿八哈(Abaqa)即位。1271年,爱德华王子与阿八哈终于实现军事配合。10月,阿八哈命一万骑兵进攻叙利亚。爱德华率骑士出阿迦城响应。拜巴尔斯从埃及召来援军,声势浩大。蒙古军、十字军数量太少,各自撤退。拜巴尔斯大军顺势北上,侵入亚美尼亚。

亚美尼亚是基督教国家。拜巴尔斯号称要尽除基督徒。国力弱小的亚美尼亚难以抵御。当时,马可等人正在亚美尼亚,切实感受到了举国恐慌的氛围。据说拜巴尔斯军大肆进行侵略行动,行人有被杀或被俘之虞,与马可同行的两名修士极为恐惧,不敢前行,决意折返。其实恐慌只是暂时的,拜巴尔斯并未展开大规模军事行动。若两名修士意志更坚定一些,来到中国,成为元世祖忽必烈时期首次来华的使者,大概会像马可·波罗一样闻名世界;而尼柯洛、马菲奥和马可不畏危险,继续前行,终成大事。

成败荣辱,一念之间。

忽必烈的辩论会

旅行的意义

当出门远行看世界时,一个人会期待什么呢?

首先大概是自己素来耳闻却未曾亲见的人、地、事。

诺亚方舟,是比耶稣更古老的人类祖先神话。传说上帝降下大洪水,淹没了全世界,唯有登上诺亚方舟的人和动物才得以幸免。马可·波罗穿过亚美尼亚时,见到了一座高山,叫做阿拉拉特(Ararat),山上终年积雪,从来无人能攀登上山。远望山巅,有一个黑色巨物,人们说那便是诺亚方舟,于洪水之后,停泊于此。

阿拉拉特山,今属土耳其(土耳其语名称 Ağrı Dağı),顶峰海拔 5165 米,是土耳其的最高峰。在历史上,这附近居住着的主要是亚美尼亚人和库尔德人。阿拉拉特是《圣经》里的一个古国名。因为有诺亚方舟的传说,所以当地人认为,阿拉拉特山是大洪水过后人类繁衍生息的发源地。

马可·波罗并未登上阿拉拉特山，所以在《寰宇记》中只是轻描淡写地提到了它。在他之后四十年，意大利人和德理（又译鄂多立克，Odorico da Pordenone）前往中国旅行，也路过这里。和德理是位虔诚的教士，对山上的诺亚方舟兴趣浓厚。和德理说："若不是我的同伴们在等我，我是乐意登上山顶的。"实际上，尽管和德理不惧艰苦辛劳，但阿拉拉特山陡峭险峻，若无现代装备和技术辅助，人类是无法攀登的。1829年，德国探险家冯·帕罗特（Johann Jacob von Parrot）成为登上阿拉拉特山的"历史第一人"。其后，此山迎来了越来越多的登山者。有人宣称在山上发现了诺亚方舟的木质残骸。但严谨的学者对此持保留态度。

马可·波罗同样如此。对于未曾亲见的耳闻之事，他会记录下来，但不做评论。

欧洲人最熟悉的历史人物，莫过于耶稣。耶稣的重要事迹大多发生在耶路撒冷，死于耶路撒冷，葬于耶路撒冷。后来人们在埋葬耶稣的地方建造了圣墓大教堂。欧洲人前往耶路撒冷朝圣，瞻仰圣墓，至今蔚然成风。但在中世纪，这并非易事。马可·波罗从地中海东岸登陆后，很快就去耶路撒冷瞻顾耶稣的遗迹。在那里，他的父亲、叔父还要完成忽必烈交代的一件使命。原来，当他们第一次觐见忽必烈时，忽必烈已经听闻耶稣是西方古代的圣贤，而且在耶稣的墓上有一盏千年不灭的油灯。因此，忽必烈命尼柯洛、马菲奥在出使觐见教皇的同时取回圣墓灯油。

耶路撒冷这一地名的含义是"圣城"。这座城市历史悠久，人烟稠密，商旅云集，不仅是犹太教、基督教、伊斯兰教三大宗教的圣地，也是各国商人的天堂。犹太人、阿拉伯人、亚美尼亚人、基督徒，聚居城中。街上一个其貌不扬的小贩，都至少能说五六种语言。马可·波罗即便是商人家族出身，也仍然被其世界性的商业氛围所震撼。

集市上的商品琳琅满目。各种各类的香药，吸引了年轻商人马可·波罗的目光。据说，当耶稣诞生于耶路撒冷以南的小镇伯利恒时，从东方来了三位贤者。他们又被称为东方三博士、东方三王，因为他们知识渊博、地位尊贵。东方三王因看到一颗明星升起,预见耶稣的诞生,特意从东方前来,向小婴孩俯身朝拜,并打开盒子,奉献三种礼物:黄金、乳香、没药。黄金之贵重,自不必多说。乳香和没药,都是像黄金一样贵重的香药,产于阿拉伯半岛南部、印度、东非等地,备受西方人喜爱。在古罗马时期,就已形成了"香料之路",即从西印度洋沿岸向地中海输送乳香、没药的贸易路线。

在耶路撒冷的集市上,马可·波罗肯定见过这些香药。用手指捻起,放到鼻前,就能闻到它们散发出的独特香味。商贩常常将它们和铜香炉一起出售。若顾客购买的量多,商贩还会点燃一些,街上就会飘荡起浓烈的香味,令在场之人如同进入圣殿一般。从两千年前至今,耶路撒冷集市上的这种贸易似乎一点也没变。

马可·波罗在走到波斯时,又见到了与耶稣相关的文化遗迹——东方三王陵墓。据说,东方三王陵墓,最初是东罗马君士坦丁大帝的母亲海伦娜找到的。三王的遗体,被视为圣物,运至君士坦丁堡;

在6世纪时，被运到意大利米兰，到了12世纪，又被运到德国科隆。然而，马可·波罗却在波斯见到墓中有三王的遗体。据马可描述，三墓壮丽，墓上各有一方屋，保存完好；三屋相接，三王遗体尚全，须发仍存。

当地人为马可讲了三王的后续故事。三王向小耶稣献礼之后，得到回赠的一个匣子。他们回到波斯打开匣子，见其中放着的不过是一块石头。三王不解其意，投石于井中。登时，有烈火从天而降。三王见此灵异，既惊且悔，乃取此火，奉还其国，置一华美礼拜堂中继续焚烧，对它崇拜如神。

这个传说，与西方的说法完全不同。年轻的马可听了后，不能分辨其真伪。三王的遗体，为什么既在科隆，也在波斯呢？波斯的三王陵墓，是马可亲眼所见。科隆大教堂的三王遗体圣堂，也是欧洲人尽皆知的朝圣地。年轻马可将疑问记在心里，认为待自己的知识和见闻增长之后，这一疑问终会得到解决。怀着这样的信心，他将迎接一个又一个新的疑问，有一些逐渐被解决，有一些仍待解决。这样，他心中的世界会越来越大,他对外面世界的好奇也会日甚一日。

　　使自己心中的知识活起来,扩大眼界和心中的世界,就是旅行的第一意义吧。

第一次见到忽必烈

旅行的另一个意义,是遇见新事物,感受不同文化的撞击。当那些前所未闻的全新知识、风俗、世界观扑面而来时,一个人会敞开怀抱还是落荒而逃呢?当不同的文化交互碰撞,甚至针锋相对时,一个人应该如何选择,如何自处呢?

马可·波罗在丝绸之路上,一边走,一边思考。无数的艰难险阻——从波斯湾渡海未成,遭遇劫匪侥幸逃脱,在沙漠中饮水咸涩,在帕米尔高原上食物不易煮熟……仿佛在转瞬间一闪而过,四年过去了,他成长为二十一岁的青年。

是什么彻底影响了他的世界观?也许是与忽必烈的会面。

马可永远也忘不了,1275 年夏在元上都见到忽必烈的场景。那规模宏大的皇家仪仗,沿着道路排成两列。卫兵们骑在马上,各擎着旗纛,各旗图案不同,绣着日月星辰、五岳四渎、"天下太平""皇帝万岁",又绣着四大天王、四方灵兽、五色龙凤,大旗猎猎,威风凛凛。接下来的仪仗队伍,举着骨朵、金瓜、刀枪剑戟、斧钺钩叉,各色武器,耀武扬威。随后是骆驼、骡马,各驮着鼓,一边行进,一边奏出震天响的鼓声。

马可跟着父亲、叔父在街道旁翘首观看,目不转睛,只听围观的百姓欢呼鼓噪。皇帝来了!四头大象负载着巨型车辇,缓缓而来,宛如一座移动的城楼。忽必烈乘坐在车辇之上,俯视百姓,仿佛微微颔首致意。

元上都在草原之上,在今北京正北方约250公里处,夏季凉爽,冬季寒冷。大象这种热带动物从何而来?

忽必烈在即位前,出征云南大理时,就见过这种躯体巨大的动物,肯定也骑乘过。忽必烈即位后,交趾(今越南北部)、占城(今越南中部)、真腊(今柬埔寨)等国便不断进贡大象。忽必烈命人将大象养育于元大都析津坊海子(今北京积水潭)之北。负责养育大象的,是从东南亚来的人,称为蕃官。每当忽必烈出行，便由蕃官引大象，驾巨辇。

在草原上，大象驾巨辇，给马可·波罗带来了强烈的视觉冲击。他搜索脑中积累的知识，只想到了亚历山大大帝远征印度对阵大象军团的故事。

等到忽必烈进入上都皇城的宫殿，接见外国使节时，马可站在汉白玉台阶之下，抬头望见高耸的大安阁，更感受到震撼。这座楼阁，是建筑史上的奇迹。元朝将北宋开封皇宫中的熙春阁拆除，将材料移到元上都，稍加损益，复建，即为大安阁。这座三层重檐式楼阁，高222尺，约相当于70米。中国古代皇城正殿，都是单层的大殿。只有元上都皇城的正殿是一座三层楼阁，独树一帜。

尼柯洛、马菲奥以使者的身份，向忽必烈献上教皇的回信，以及耶路撒冷圣墓的灯油。但有一项任务，他们没能完成。忽必烈当时要求教皇派遣天主教贤者一百人。新上任的教皇格列高利十世无力召集那么多人，仅仅派出两名修士。结果这两人也是半途而废。

其实，在忽必烈统治之下的元朝，基督徒不少。

元朝采取的是包容共存的态度。马可后来回忆说,在基督徒、穆斯林、犹太人及偶像信徒的主要节日,忽必烈都会命人焚香,隆重行礼。有人询问大汗为何如此,他回答说:"基督徒们将基督耶稣奉为他们的神,萨拉森人的上帝为穆罕默德,犹太人的神为摩西,佛教徒崇拜的偶像为释迦牟尼佛。这是四位受到全世界的尊崇与恭敬的先知。我对这四位神致敬,我尊敬他们,也崇敬上天至尊最真之理。"马可所记忽必烈的这段话,对应着中国史料中"长生天如掌,诸派宗教如指"的记载。要相信,文明的方式不同,但追求真理的目标是一致的,殊途同归。

只有包容的胸怀,才有可能吸收世界各种不同文化之优长。忽必烈向教皇征召一百位贤者,就是出于这一目的。

忽必烈比马可大近四十岁,比他更早地面对各种文化碰撞的场景。坐在世界最高的御榻宝座上,忽必烈已经找到了一种平衡。

各种文化之间,难免产生矛盾冲突。面对理论争端,忽必烈的处理方式是召开辩论会,让智者聚在一起,各自陈词,问难辩论。

忽必烈在即位之前,1258年,亲自主持过一场大型佛道辩论。佛道二教优秀辩手悉数参加。辩论的缘起,是佛道对于《老子化胡经》的争议。《老子化胡经》是佛教传入中国以后产生的一部伪书,讲述老子出关,入西域,化身为佛陀。道家的创始人老子,化身为佛教的创始人,有抬高道教之意。元初的一批道士以《老子化胡经》为依据,压制佛教,抢夺佛寺财产。

在辩论会上,二十四岁的西藏僧人八思巴,担任佛教辩手。他首先提出,自己熟读印度史书和佛陀释迦牟尼的传记,却没有发现有老子化胡的记载,那么就要求证中国文献是否有记载。

八思巴发问:"《史记》有化胡之说否?"

道教辩手说:"无。"

八思巴又问:"老子所传何经?"

道教辩手说:"《道德经》。"

八思巴问:"此外更有何经?"

道教辩手说:"无。"

八思巴问:"《道德经》中有化胡事否?"

道教辩手说:"无。"

八思巴说:"《史记》中既无,《道德经》中又无。其为伪妄,很明显了。"

道教辩手理屈词穷。

八思巴的发问,层层递进,成功赢得了辩论。忽必烈对这位年轻僧人青睐有加。忽必烈即位后,命八思巴创制了八思巴字。这是一种拼音文字,可用于拼写一切语言。这反映了忽必烈一统天下的雄心壮志。1270年,忽必烈封八思巴为帝师。

辩论失败的道教,也没有被彻底贬斥。他们按照辩论前的约定,焚毁伪书《老子化胡经》。道教中才能出众的人物,仍然受到忽必烈的尊重。例如南方道士张留孙,一直被忽必烈留在身边。1281年,忽必烈的曾孙出生,忽必烈命张留孙取名。张留孙为这个小婴儿取名"海山"。二十六年后,海山登基为帝,即元武宗。

尼柯洛、马菲奥兄弟没能带来一百贤者。忽必烈可能有点失望。他们带来的青年马可,让忽必烈略感欣慰。马可相貌、口才皆优,虽不是宗教贤者,仍可被留在宫廷,他日另作任用。

这样一来,辩论会是办不成了,但宴会不能少。元朝人认为,国家有三件大事:征伐、搜狩、宴飨。元上都每年夏季气候宜人,宴会不断。

在酒肉横陈的豪放宴席之上,青年马可被草原的热情融化了。

午夜酒醒,他走出毡帐。天空是漆黑的穹顶,群星又亮又大,仿佛要落到人的头顶。在欧洲,他从未敢想象如此宏大的皇家排场,如此多元的文化融会,如此包容的政治气魄。西方有没有忽必烈这样伟大的帝王呢?马可·波罗只想到了一千多年前的亚历山大大帝。

"活"了三千年的亚历山大

马可·波罗在丝绸之路上,听到最多次的西方人名,无疑是亚历山大大帝。一路上,马可不断听到他的名字,见到与他相关的文化遗迹。

马其顿国王亚历山大大帝(公元前356—公元前323年),是极具传奇色彩的历史人物。这位少年英雄,从马其顿出发,统一希腊,击败波斯,东征至印度。世界上最古老的文明,除了中国之外,希腊、埃及、两河、波斯、印度都被他打通了。他去世时年仅三十三岁,却已经建立了辽阔的帝国,亚洲大陆上以他的名字命名的"亚历山大城"据说有七十二座之多。因此他堪称有史以来第一位"世界皇帝"。亚历山大的生平太不可思议了,以至于后人不断演绎,在他的故事里增加了很多奇幻冒险情节。中世纪流行的《亚历山大传奇》,已经属于"一分史实、九分小说"性质的书籍。

马可自幼熟知《亚历山大传奇》中的故事。

根据《亚历山大传奇》，亚历山大在远征止步处，建造了一座墙，将敌对的民族隔绝在外。马可在现实中得知，在里海西岸、高加索山之东，有一条狭窄的道路，沟通南北。其路狭长，一方滨海，一方傍山，以少数人守之，可抵御万夫之兵。因此其地被称为铁门关（今属阿塞拜疆）。铁门关外，是游牧民族钦察等部落。当地人便说，铁门关是亚历山大之墙，钦察是亚历山大所抵御的民族。

在波斯东北部的呼罗珊地区（Khorasan，今伊朗呼罗珊省），有一棵著名的"独树"。当地是一望无际的荒漠，方圆百里只有这一棵树，因此成为地标。此树极大极粗，叶子一侧为绿色，另一侧为白色；所结果实，与栗子壳相似，但内部中空；木质结实，呈黄色，外同黄杨。马可听闻当地居民说，这就是亚历山大大帝与波斯帝王大流士交战的地方。

马可自此继续向东旅行，抵达巴里黑（Balkh，今阿富汗巴尔赫）。这座城已被战火摧残，但从大理石宫室的废墟之中，仍可见其旧日之华贵。马可谨慎地说:"若城中之人所述为真,那么亚历山大大帝正是在此城中与大流士之女结婚。"

再向东行十几天,马可抵达巴达哈伤(Badakhshan,今阿富汗巴达赫尚)。这是丝路上的大国,马可走了十二天才穿越其境。他听当地人说,巴达哈伤王族是亚历山大大帝及波斯大王大流士之女的后裔,为纪念亚历山大,国王自号"祖葛尼"(Zulcarnein)。这个名号,是亚历山大的阿拉伯语绰号,意思是"双角人"。在传说中,亚历山大头生双角。巴达哈伤当地人已经改说阿拉伯语了,而亚历山大跨越了一千多年,仍然是当地文化的一部分。

在巴达哈伤,还有一个传说。昔日,此地马匹是自亚历山大大帝的坐骑"牛头马"(Bucefalo)传下来的良驹,前额有角。只有国王的叔父拥有此马,就算用世上一切东西来交换,他也不肯。国王向他索要,徒劳无果,出于报复,杀掉了他。他的妻子愤懑不已,将此种马匹尽数宰杀,马种便灭绝了。

更让马可想不到的是,他在进入中国以后,仍能听说亚历山大的故事。在天德(今内蒙古鄂尔多斯、呼和浩特一带），波罗家族一行三人拜访了忽必烈的驸马阔里吉思。阔里吉思，是汪古部族的领袖。汪古、蒙古两个部族，与亚历山大所抵御的民族 Gog 和 Magog 读音竟有几分相似。而且汪古人居住的地区，紧挨着金朝修建的边墙界壕。民间流传，汪古和蒙古是当年亚历山大建墙所阻的两个部族，如今发展壮大。年轻的马可听闻后，一定生出了疑问——亚历山大建墙所阻的民族，里海西岸的人们说是钦察，天德的人们却说是汪古和蒙古，哪种说法可靠呢？

如果从历史的眼光来看，Gog 和 Magog 两个民族在《旧约圣经》中就出现了，比亚历山大早得多。后来《亚历山大传奇》才创造出亚历山大建墙阻挡这两个民族的故事。各地民间将传说与后来的现实民族联系起来，当然是牵强附会了。

亚历山大的传奇故事，在丝绸之路沿线广为流传，跨越了诸多民族和语言。元代人也用蒙古语写了一部《亚历山大传奇》，其中融合了各种文化因素，讲述了一个奇幻冒险故事：亚历山大大帝已经活了两千年，想要再活一千年，于是出发寻找生命之水。他潜入海底，登上须弥山巅，进入日落之处的黑暗世界，历经艰难曲折，终于找到了生命之水，成为世界上唯一活了三千年的帝王。在故事最后，亚历山大并没有得意自满，反而陷入了反思，他说："即使活了三千年，终究也是要死亡的。人若无知、愚蠢，即使活一万年，也不如智者短暂的一生。"

世界皇帝

忽必烈是像亚历山大一样的"世界皇帝"。

当时的人已经认为,成吉思汗征服世界的业绩,超过了亚历山大。因此,成吉思汗被称为"世界征服者""世界皇帝"。成吉思汗的继承者们也继承了这些称号。

忽必烈直接统治的是元朝,但他的威名远播西域。波斯史家瓦萨夫(Waṣṣāf,1264—1334年)说,忽必烈的事迹和他推行的法度,在波斯的土地上广为流传。见多识广的商人们争相传颂忽必烈的公正、贤明、仁慈,以及处理财富的能力。他们说,忽必烈的一小部分力量,就能淹没罗马的恺撒、波斯古帝王的库思老、埃及的法老、阿拉伯的哈里发、印度的阿育王,乃至塞尔柱突厥的可汗。

这些古代世界各地最伟大的帝王,多数不是忽必烈时代的,忽必烈无法与他们在战场相见。但阿拉伯的哈里发，确实在这一时期迎来了末日。阿拉伯帝国（632—1258年），是穆罕默德建立的，分为三个时期：四大哈里发时期（632—661年）、倭马亚王朝（661—750年）、阿拔斯王朝（750—1258年）。阿拔斯王朝，定都巴格达（古代称为"报达"），因为崇尚黑色，被中国史书称为"黑衣大食"。

1258年，忽必烈的弟弟旭烈兀兵临巴格达城下，架起攻城机械，投掷巨石和火油瓶，围攻十天，占领了城墙。末代哈里发昏庸、自大、贪财、怯懦，守不住城，想要乘船出逃，却见底格里斯河道被旭烈兀军所造的浮桥所阻，无计可施，只得出城投降。在旭烈兀的营帐中，哈里发命人献上礼物。旭烈兀当时就把礼物分赐给了群臣、军士和在场的其他人。旭烈兀把一盘金子放在哈里发面前，说："吃吧。"

哈里发说："吃不了。"

旭烈兀说："那你为什么留着它，而不赏给将士们呢？这些铁门，你为什么不用来铸造箭镞呢？为什么你不亲征质浑河（Jayhūn，即阿姆河），阻拦我渡河呢？"

哈里发回答说:"真主的旨意如此。"

旭烈兀说:"即将降临到你身上的,也是真主的旨意。"

于是哈里发被处死。

马可·波罗还听闻了哈里发之死的另一个版本。旭烈兀进入巴格达城后,见到一座哈里发藏宝的塔,满藏金银宝物。对此,旭烈兀不胜惊异。他质问哈里发:"你有如此多的金银财宝,为何不用来赏赐将士,以保卫国都?"哈里发默然,无言以对。旭烈兀说:"既然你这么爱财宝,就将财宝当作你的饮食吧。"于是命人将哈里发关在塔内,不供饮食。哈里发困顿塔中四日,饥渴而死。

哈里发的世袭传承,从此终结。

旭烈兀建立伊利汗国,忽必烈赐予玺印,作为信物。玺印上用汉字篆书刻着"辅国安民之宝"六个字,意思是旭烈兀要辅助忽必烈,安定西域波斯百姓。此后,伊利汗国每一位统治者即位,都要遣使前往元朝,请求册封,等到元朝的使节带着正式册封诏令抵达伊利汗国之后,再举行即位仪式。中国与波斯之间路途遥远，使节一去一回，两三年就过去了。后来也有短命的波斯统治者，还没等来元朝册封，就去世了。

忽必烈在中国，但影响力是世界性的。马可来到元朝时，忽必烈已经六十岁了，相貌却比实际年龄看起来年轻得多。马可描述忽必烈的体貌："他身量适中，不高不矮，中等个子。身上有肉，但不过肥，四肢皆得宜。脸色白里透红，如玫瑰花一般。黑色眼睛漂亮极了，鼻子俊俏，比例适当。"马可似乎不觉得这是一位花甲老人。忽必烈对于世界的好奇心，一日未减。这对马可·波罗的人生观影响很大。

肉体的长生，在亚历山大传奇故事里是主题之一。忽必烈的祖父成吉思汗，也有一段关于这一主题的著名故事。

成吉思汗戎马一生，随着岁月的流逝，就像传奇故事中的亚历山大一样，开始想寻求长生之药。成吉思汗听闻山东有一位著名的全真道士丘处机（1148—1227年），便派人去请。1220年，丘处机欣然应允，带上十八弟子出发了。他们穿越华北平原，出燕山，北上草原，得知成吉思汗出征西域，于是他们继续西行，进入中亚，最终在阿富汗大雪山见到了成吉思汗，时为 1222 年——他们在路上走了整整两年。丘处机弟子李志常将这段经历记录下来，写成了《长春真人西游记》一书。丘处机道号长春，也是取四季长春、人生不老之意。

年逾古稀的丘处机，穿越草原大漠，长途跋涉万里。成吉思汗大为感动，在营帐中接见丘处机，问："真人远道而来，可带来了长生之药？"丘处机答："有卫生之道，而无长生之药。"成吉思汗赞赏其诚实，称呼丘处机为"神仙"。

五十年后，马可·波罗途经塔里寒城（今阿富汗北部塔利甘），是否知道丘处机也曾驻足这片土地呢？东西方的两位大旅行家，因为成吉思汗和忽必烈两位大帝的召唤，跨越时空，在中亚东南部交会。

成吉思汗在接见丘处机五年之后，在一次征战间隙，突然无故落马，随即患病去世。世界征服者，终究也要走到人生的终点。将近五十年后，忽必烈接见马可·波罗。这一次，忽必烈向世界所寻求的，不是肉体的长生，而是知识和智慧。

在知识和智慧中获得永生，才是世界的皇帝吧。

刺客信条

在忽必烈面前,马可·波罗肯定要汇报来自世界的知识与信息。

其中一个忽必烈关心的事情,是西域木剌夷国的暗杀组织。

木剌夷(mulḥid),是9—13世纪非常活跃的伊斯兰教亦思马因派(Ismāʿīlīs)建立的政权。他们以哈桑(Ḥasan-i Ṣabbāḥ)为首领,以内扎里(Nizārī)为祖师,在厄尔布尔士山脉中构筑阿拉木特(Alamut)城堡(在今伊朗加兹温市东北60公里处),建立木剌夷国。

木剌夷国以阿拉木特城堡为中心,在群山中建造了一系列的城堡,一个又一个的城堡相互勾连,在地图上看仿佛一张网。木剌夷国就是这样一个网状的政权。其国政教合一,教主即国主,被称为"山中老人"。1162—1193年的木剌夷国主(Rashīd al-Dīn al-Sinān),创立了一套训练刺客的方法。

马可曾听闻其方法。"山中老人"在山上的秘密之处建造一座花园，宛如天堂，其中有无尽的美酒、牛奶、蜂蜜和美人乐舞。"山中老人"选出一些十二岁以上的少年，将其迷醉后，置于天堂花园中，令其纵情享乐。一天，少年突然又被迷醉，移出花园，醒后被告知，只要完成暗杀任务，就可以回到天堂花园。被洗脑的少年信以为真，于是刻苦训练，舍命暗杀。

据说，用于迷醉刺客少年的烟草，就是大麻（阿拉伯语 ḥashīsh）。于是这些刺客就被称为阿西西（ḥashīshī），演变为西方读音阿萨辛（assasin）。今天在西方，阿萨辛就成了刺客的代名词。

12—13 世纪，阿萨辛刺客活跃于世界，从事暗杀活动。1192 年，耶路撒冷国王康拉德（Conrad of Montferrat）被阿萨辛暗杀。1270 年，阿萨辛刺杀了十字军城市提尔（Tyre，今属黎巴嫩）的领主菲利普（Philippe de Montfort）。1272 年，在阿迦城行刺爱德华王子的，也是阿萨辛刺客。此起彼伏的暗杀活动，引发了中世纪各国统治者的恐慌。

"山中老人"居于阿拉木特城堡。阿拉木特，意为鹰巢,形容其高。此城堡易守难攻,诸国奈何他不得。

蒙古在西征时,军队常经过木剌夷所据的高山之下。木剌夷派出四百名刺客,企图刺杀蒙哥。元宪宗蒙哥(1251—1259年在位),是忽必烈的长兄。蒙哥的宫廷防范严密,挫败了刺杀行动。1252年,蒙哥派遣三弟旭烈兀西征,一个重要目标就是木剌夷。

鹰巢阿拉木特异常坚固,旭烈兀围攻三年,亦未攻克。蒙哥为支援旭烈兀,从华北调来了砲(投石机)、火器,以及弓箭手一千户。旭烈兀委任中国、波斯工匠,建造攻城器械,将木剌夷国的数十座高山城堡逐个攻破、摧毁。1256年,旭烈兀军最终围攻鹰巢阿拉木特,木剌夷国主出城投降。至此,木剌夷国灭亡。

木剌夷末代国主鲁坤丁(Rukn al-Dīn Khūrshāh),在位不足一年。此前,其父阿老丁('Alā' ad-Dīn Muḥammad Ⅲ)统治三十六年(1220—1255年),名气很大。刺杀蒙哥这种疯狂的行动,就出自阿老丁之命。因此马可·波罗只听说"山中老人"的名字是阿老丁。

木剌夷势力并未随着阿拉木特被围剿而消失。残余势力仍然据守最后一座城堡吉儿都怯。吉儿都怯（Girdkūh），意为圆山，因山顶有直径300米的圆形巨石而得名，在今伊朗达姆甘市附近。木剌夷残余势力负隅顽抗，甚至刺杀了投降蒙古的末代国主鲁坤丁。伊利汗国攻吉儿都怯城堡，十余年，久攻不下，便在附近构筑一系列的堡垒、城墙，将吉儿都怯围堵起来。1270年，吉儿都怯城堡资源耗尽，只得投降。

马可·波罗登上阿拉木特时，那里已经被旭烈兀攻破将近二十年了。山崖陡峭，拔地而起，巍峨险峻。沿着屈曲回环的山路，颇费一些时间，才能登上云霄之上的山顶。天堂花园已不见踪迹，只剩下断壁残垣，其上散落着积雪。疾风凛冽，天空中掠过的雄鹰，仿佛在提醒这里曾是"山中老人"的鹰巢城堡。

作为暗杀组织，木剌夷残余势力很容易转入地下活动。马可·波罗东行离开波斯三年之后，1275年，小股木剌夷残余势力竟然重新占据阿拉木特。但在废墟之上，他们难以重振旗鼓，仅仅坚持了几个月，就四散而去。"山中老人"暗杀组织从历史上消失了。但其神秘色彩，仍吸引着后世的人们。在2007年的电子游戏《刺客信条》中，主角是虚构人物阿泰尔（Altaïr ibn La-Ahad，1165—1257年）。故事主线是刺客大师阿泰尔与中东的圣殿骑士团的斗争。阿泰尔的基地，是一座高山上的城堡，应该是以阿拉木特鹰巢城堡为原型创作的。而且在他做出标志性的"信仰之跃"时，会响起一声鹰鸣。在蒙古军来临前夕，阿泰尔带着某种秘密的知识死于城堡的密室中。这对应的历史事件，是旭烈兀灭木剌夷。

暗杀组织总是最吸引世人的目光，但实际上，在亦思马因派中有很多学者，他们对人类的知识和科技发展有很大贡献。在阿拉木特城堡中曾有一座图书馆，收藏了丰富的书籍，包括希腊、阿拉伯、波斯的古书，涵盖天文、地理、历史、文学，是一座知识宝库。木剌夷国大学者纳西尔·图昔（Naṣīr al-Dīn Ṭūsī，1201—1274年），在政权覆灭之际，从阿拉木特图书馆抢救出很多珍贵的图书资料。

图昔随后成为旭烈兀的大臣，主要从事科技研究。图昔著《伊利汗珍宝书》，记载矿产、宝石、金属、香料的知识,还编纂了历法书《伊利汗积尺》。图昔最著名的贡献,是在蔑剌哈(Maragha,今伊朗马拉盖)建造了一座天文台,与元大都的司天台并列,是当时世界上最先进的天文观测台。

后来,马可·波罗在元大都居住多年,对司天台有所了解。他在《寰宇记》中说,元大都有占星者约五千人,有汉人也有穆斯林,大汗赐其全年衣食。他们有自己的星象仪,上面标有星象符号、时辰及全年的方位。这些占星师观察天体的运动轨迹,预测在某个月有雷电与暴风雨,有地震,或者有疾病与死亡、战争与动乱。他们将上述预测制成小册,上面记着当年每月将要发生的事情,称为"塔古音",售价一银币。

确如马可所言,在元大都司天台里既有中国学者也有西域专家。中国学者以郭守敬为首,编纂了《授时历》。西域天文学家的代表人物,是札马鲁丁(Jamāl al-Dīn)。他本来在波斯,是图昔的同事,被旭烈兀派来元朝。札马鲁丁在元大都司天台制造了浑天仪、地球仪等七种仪器,根据观测数据,成功编制了

《万年历》。元朝每年用汉字、八思巴字、回鹘字（蒙古文）、回回字（波斯文）四种文字颁布历法，供各民族使用。马可·波罗所说的"塔古音"，是波斯-阿拉伯语"taqūīn"的音译，意为日历。元朝规定，波斯文历法每本售价"钞一两"。马可·波罗按西方语言习惯所说的"一银币"，就是这个意思。

襄阳之战

马可·波罗绘声绘色地向忽必烈,也向他的读者讲述"山中老人"。很多读者关心的是刺客的故事,忽必烈最在意的却是城堡的地理形势和攻城策略。

攻略城堡,是忽必烈实现南北统一大业的必经之路。

忽必烈即位之前,他的长兄蒙哥就死在攻略城堡的过程中。

南宋为防御北方军队南下,沿着长江流域修建了众多坚固的城池堡垒。在四川地区,南宋同样在山上修建城堡,重要者至少有八座,号称"川中八柱"。与木刺夷城堡不同的是,因四川气候湿润,江河纵横,四川的城堡依山傍水,补给方便,更加坚固耐久。元宪宗蒙哥御驾亲征,进入四川,围攻合州(今重庆合川区)钓鱼城,半年不克,病逝于城下。有记载说,蒙哥是在阵前被砲风所伤,以致一病不起。武侠小说家金庸展开了想象,写神雕大侠杨过在战场上,运内力,掷石块,击中蒙哥后心,立时毙命。

1259年蒙哥之死,影响了世界格局,被形容为"上帝折鞭"。

蒙哥之死,给忽必烈带来了机遇和挑战。

蒙哥的儿子们太年轻,不能服众。忽必烈四十六岁,正当壮年,才能出众,声望很高,称帝登基,正是机遇。

挑战在于南宋的城堡。忽必烈要完成皇兄未尽的统一大业,不能重蹈覆辙,他决定转换战略重心。四川山城众多,逐个攻略投入太大,成效太慢。长江中游的襄阳,是更好的突破口。襄阳与樊城双城互为犄角,攻略难度同样很大。但是,从战略上而言,一旦攻下襄阳,大军沿江而下,取南宋都城杭州,有如探囊取物。所谓擒贼先擒王。取了都城杭州,南宋各地城池自然望风披靡,不必再费力攻打。

襄阳三面环水,一面傍山,南宋经营一百余年,岂是一朝一夕能攻下的?忽必烈筹备近十年,广采建议，在襄阳附近筑堡连城，将襄阳长期围困，同时水陆阻援，待机破城。这与伊利汗国攻吉儿都怯城堡的策略，异曲同工。

襄阳城防坚固，城墙之厚，超乎想象。忽必烈向波斯索求攻城经验，调用了世界上最先进的攻城机械——西域砲。元代以前所用的中国砲，是人力杠杆投石机，对付襄阳城墙，威力不足。西域砲，又称回回砲，是配重式投石机，是12世纪欧洲人或者西部穆斯林发明的，将世界投石机技术发展到最高级。与传统的人力杠杆投石机相比，西域砲投掷重量更大，距离更远，威力成倍提升。而且西域砲还有一个优势，即结构简单，便于就地取材制造，省工省力。这种新武器，在13世纪初十字军与穆斯林争夺圣地时得到广泛使用。伊利汗国应用这种砲，成功攻克了木剌夷的高山城堡，以及黑衣大食临水的都城巴格达。忽必烈应该有所耳闻。

据《元史》记载，1271年，忽必烈遣使前往波斯，向伊利汗阿八哈征发砲匠。于是，西亚的砲匠阿老瓦丁、亦思马因二人奉命，举家驰驿至元大都，造大砲，竖于皇宫午门前。忽必烈命试之,大喜,命西域砲匠前往军前效力。1272年,亦思马因造砲于襄阳城东南角。砲发巨石,重一百五十斤,声震天地,无所不催,入地七尺。襄阳军民大惧。1273年初,元军发起总攻,襄阳很快投降。

马可·波罗的《寰宇记》在讲述襄阳地理和物产时,插叙了一大段投石机攻略故事。情节与《元史》记载的故事极其类似,只是主角换成了尼柯洛、马菲奥和马可。《寰宇记》说,他们三人向忽必烈献计用投石机。三人身边有两个能工巧匠,一个阿兰人和一个景教徒。三人吩咐这两个工匠制造投石机。于是他们制造出三架精巧而巨大的投石机,每架都可远距离投掷重达三百磅的石块。他们接着准备了六十块完全相同的圆形石头。忽必烈与官员欣然前来观赏,检验它们的威力。投石机投掷上述重量的石头后,众人惊叹不已,纷纷击节称赞。忽必烈命人将投石机送给那久攻不下襄阳府城的部队。他们将投石机在前线架起来,宛然世上最大的奇观。一块块巨石被投掷到城中。石头砸破房子,将一切都捣毁了,发出震天巨响,面对这全然未曾见过的景象,城中军民吓得惊愕失色,六神无主。他们聚众商议,仍无法想出对付这投石机的方法,于是投降。

实际上,1273年初襄阳投降之时,尼柯洛、马菲奥和马可还在丝绸之路上。但是,值得注意的是,除了人物不同,故事情节完全一样:献计——造砲试射——忽必烈观看并满意——工匠到襄阳造砲——城内军民惧怕,因而投降。而且细节也出奇得一致。例如,发砲时,声响巨大;石砲弹的重量,"一百五十斤"与"三百磅",二者有直接的等量换算关系,肯定不是偶然的。如果剔除三位波罗家族的主人公,在《寰宇记》的故事里,造砲的也是两名砲匠。实际上,在这个版本的故事里,三位波罗家族的主人公可有可无。它完全可以是两名砲匠献计直至立功的故事,有始有终。

襄阳之战作为忽必烈统一天下的大决战,太有名了,产生了很多故事,流传很广。马可应该是到了中国以后,有所听闻。在热那亚的狱中,他原原本本地讲两名砲匠献计直至立功的故事,而鲁思悌谦作为浪漫骑士文学的爱好者，发挥想象，擅自将波罗家族三人添进了故事中。移花接木，是小说家的常用手段。这是《寰宇记》全书中，唯一故意歪曲事实之处。鲁思悌谦这么做，可能没有征得马可·波罗的同意。马可·波罗从热那亚出狱返回威尼斯之后，大概才发现这一情况。因此，马可对鲁思悌谦执笔的《寰宇记》很不满意，着手修订，增、删了很多内容。关于襄阳之战的段落，就被他删除了。

两名砲匠，分别来自西亚的木发里（今属土耳其）和阿勒颇（今属叙利亚），在《寰宇记》的故事中成了阿兰人和景教徒，这大概也是鲁思悌谦的创作。阿兰，是高加索北部的民族，信仰基督教。景教，是起源于西亚的基督教流派。欧洲人与他们信仰相近，接触较多，关系较密，因此才将造襄阳砲的功劳安在他们头上。

有趣的是，配重式投石机的发明权归谁，在历史上是有争议的。今天人们有专利意识，在有争议时，肯定要主张自己是发明人。历史上并不总是如此。在十字军与穆斯林频繁交战的过程中，配重式投石机被发明。这种机械的特点就是易于制造，一旦发明，很快就被效仿。没人能确定到底是谁最先发明的。配重式投石机的名称，不一而足。西方人称之为"芒贡诺"(mangonel)，与波斯语"砲"(manjanīq)的读音有点相似。波斯人却称之为"富浪砲"，"富浪"指欧洲，而中国称之为"西域砲""回回砲"，"回回"泛指西域穆斯林。看起来，人们很喜欢说这件秘密武器来自异国。

配重式投石机在襄阳之战中崭露头角，所以又被称为"襄阳砲"。襄阳之战刚刚结束，南宋军队就迅速掌握了襄阳砲的制造方法，还想出了破解之策——用稻穰草制成绳索，粗四寸，长三四十尺，每二十条编为一束，一束一束搭在楼上，下垂至地，把楼屋包裹起来，裹四五层厚，再浇上泥浆。这样的保护措施，号称"火箭火砲不能侵，砲石虽百钧无所施"。但这无法挽回南宋迅速灭亡的命运。仅仅依靠一件先进武器，并不能赢得一场宏大的统一战争。更关键的因素是人。

从波斯归来的丞相

在忽必烈的统一战争中,最大的功臣是主帅伯颜。这个著名人物,在马可·波罗的讲述中被叫做"伯颜丞相""百眼伯颜"。

伯颜是从波斯归来的蒙古人。伯颜(1236—1295年),成长于西域,与父亲一起随旭烈兀西征。1265年,旭烈兀去世,伯颜奉命出使元朝。伯颜的使团途经中亚时,尼柯洛、马菲奥正在不花剌城经商。他们是否曾见面呢?提议波罗兄弟前往中国的那支波斯使团,是否即伯颜使团呢?虽然没有直接记载,但不妨展开遐想——伯颜使团在经过不花剌时,提出了建议,波罗兄弟启程后,在丝绸之路上不免仍要经商,可能比使团走得慢一些。

伯颜抵达元朝后,忽必烈见他相貌伟岸,言辞犀利,说:"伯颜非诸王之臣。留下来做朕的大臣吧。"伯颜于是参与谋划国家大事,表现出文韬武略,令忽必烈大为赏识。忽必烈主婚,将右丞相安童的妹妹嫁给了伯颜。伯颜的官职也升到了丞相。因此马可·波罗称他为"伯颜丞相"。

马可说,1268年,忽必烈决定征服南宋,命伯颜丞相前往。这是高度概括简化的说法。实际上,1268年,襄阳之战刚刚打响,主持战役的是第二号统帅阿术。主帅伯颜正式出征是在1274年夏。这时,波罗家族三人正好走到河西走廊的甘州(今甘肃张掖)。

在甘州,波罗家族三人停留了整整一年。为什么停留这么久呢?马可只是说:"因为不值一提的事务。"具体原因,难得其详。也许马可自己也不能说清,忽必烈为什么让他们等了一年之久。

我们知道,这一年是统一战争的决胜阶段。忽必烈远在都城,要不断处理来自长江前线的战事情报,在战略上做出决断,尤其要考虑减少战争对江南造成的破坏。伯颜出征前,忽必烈叮嘱:"以不杀平江南。"这是忽必烈一生功业所系,不得不慎。

据说伯颜深知忽必烈的用意,于是写下了《奉使收江南》诗:"剑指青山山欲裂,马饮长江江欲竭。精兵百万下江南，干戈不染生灵血。"1274年秋，伯颜与阿术会师襄阳，随后用半年多时间，平定了长江中游地区。1275年4月，伯颜在丁家洲之战中击败宋军主力。至此，战略大局已定，忽必烈考虑到夏季炎热，命伯颜暂时休兵，秋后再进兵。

在甘州的波罗家族三人，也终于接到了召见的命令。忽必烈的使者骑行四十日，前来迎接。1275年夏，马可抵达元上都，觐见忽必烈。但伯颜没有回来。

伯颜在接到忽必烈休兵之诏时，认为应当一鼓作气，不能给敌人喘息的机会。所谓："将在外，君命有所不受。"于是率军继续攻取长江下游。1276年初，伯颜兵临杭州，南宋君臣出城投降。伯颜亲自押送南宋君臣北上，夏四月抵达元上都。阴历五月一日，忽必烈在元上都西门外五里的草地上，设置帐幕，接见南宋君臣。南宋君臣献上投降书。忽必烈举行仪式，昭告天地、祖宗，表示上天授命，天下统一。

这时的伯颜，已经是忽必烈的第一功臣，地位显赫，马可很难有机会近距离接触他。不仅如此，伯颜此后没有久居大都，第二年（1277年）他就被调遭到北方草原镇守，直到忽必烈驾崩时才真正返回大都。

马可·波罗作为西方来客，得以观看元朝的盛大典礼，但对于统一战争的情况，基本上得自耳闻。后来他前往南方，听到了一些传说。按照金代和元代北方口语的习惯，南宋被称为"蛮子"。这个词起初带有地域蔑视色彩，但到了元代，在不说汉语的人群当中，这个词只有中性含义。马可·波罗以及当时的波斯人、其他欧洲人，都用"蛮子"指代南宋政权，以及南宋曾经统治的地区。

马可听说，"蛮子的国王为法黑福儿（Facfur），他强大而富裕，所治之国国土辽阔、人口众多，除大汗外，他可谓世上最强大最富裕的国王"。法黑福儿，是波斯语"天子"的意思。

马可还听说，"蛮子的国王不擅长打仗，国内没有一匹马，也无人习武练兵。这是因为蛮子州占据险要地理位置。所有的城市都被一条深广的河流所包围，每座城市周围的水渠都极深，宽至少一箭距离。人们只可沿桥进入城门。假若他们善武，就绝不会丢失城池。但他们并不习武,无人善战,由此战败"。这种说法虽然夸张,但是道出了事实:南宋重文轻武,军事实力不强,主要依靠长江天险进行防御。

关于南宋亡于伯颜,马可又听闻一个传说。据说,人们以谐音称伯颜为"百眼"。根据"蛮子"国王占星师的预测,只有一个长着一百只眼的人才可以夺取王国。伯颜出征,攻下十二座城市后,直奔"蛮子"都城杭州。见到伯颜及他的军队后,国王惊惧不已。他率领许多士兵弃城而逃,组织了有一千多艘船只的舰队,扬帆而去,躲在了大洋海中。王后与其他人留在城中,想办法尽力守城。某天,王后问起敌军将领的名字,得知他名叫"百眼"伯颜。一听到这个名字,王后立刻回忆起占星师的预测,即一个长着百只眼睛的人将夺取王国,她只得投降于伯颜。

在讨论伯颜之前,我们需要解释一下故事中的国王和王后——民间传说将相关的几个人物浓缩成了这两个"称谓"。在历史上,在伯颜率军发动决战之前,1274年阴历七月,南宋度宗皇帝病逝。他的儿子赵㬎即位,年仅四岁。太皇太后和皇太后垂帘听政。南宋投降时，掌权者是太皇太后和皇太后。她们被浓缩成了"王后"。小皇帝年纪太小，被忽略了。在投降前夕，南宋宰相陈宜中乘船出逃海上。这位南宋实权最大的男人，在故事里被说成了"国王"。故事里说他率领众多士兵乘一千多艘船出海，是因为当时民间传说宰相陈宜中要率领海外大军杀回来复国。实际在历史上，陈宜中出海后先逃到越南，再逃到暹罗（今泰国），临死都没能组织起军队。

"百眼"伯颜灭宋的传说，不见于现存的中国史料。中国史料记载了另外一条民间歌谣："江南若破，百雁来过。"一百只大雁飞越长江，成为南宋灭亡的预兆。百雁是伯颜的谐音。伯颜的名字，实际上是蒙古语"Bayan"，意为富裕，百雁、百眼，都是其在汉语里的谐音，只是说汉语的人散布的谶语。古人习惯以各种谐音谣谶的巧合，解释重大历史事件。马可·波罗在中国时，可能两种说法都听说了，但回到欧洲，只讲了"百眼"版本的故事。百眼魔君，是《西游记》里的妖精。百眼巨人，是希腊神话中的怪物。说起百眼，东西方人都会产生畏惧恐怖之感，而百雁南飞，在中国是一种文雅的意象,在西方却没有什么含义。马可若要讲百雁,需要浪费很多口舌。

两种文化交会沟通的起点,是选择一个双方都能理解的符号,尽管各自的理解方式会有差异。

成为皇家侍卫

足足一年的等待

面见皇帝，是多么不容易的事情！

马可·波罗在甘州时，体会到了这一点。他和父亲、叔父等了整整一年，才得到忽必烈的召见。除了忽必烈关注的南北统一战争，中亚、西亚的局势也是瞬息万变。尼柯洛、马菲奥是忽必烈派向教皇的信使，忽必烈为何不急于接见？也许他还有其他考虑，马可不得而知。

好在波罗是商人家族，在甘州也是如鱼得水。甘州位于河西走廊的中心地区，是元代甘肃行省的首府。参观甘州卧佛寺，对马可而言也是一次难忘的经历。卧佛寺始建于西夏时期，其大殿中的大卧佛像，身长 34.5 米，脚长 5.2 米，应该是中国最大的卧佛。卧佛周围是十大弟子、菩萨像，各个涂金、彩饰，庄严华丽。

河西走廊多民族文化荟萃，也体现在甘州。马可见到三座景教教堂。景教是基督教的一支，教堂号称"十字寺"。忽必烈的母亲，名叫唆鲁禾帖尼（Soryoqtani），名字太长，汉人简称她为"唐妃""皇太后"。她乐善好施，尊崇景教，跟甘州也有些渊源。甘州当地为她建造了纪念堂，供奉她的画像，号称"影堂"。

河西走廊是丝绸之路的咽喉要道，贸易往来，熙熙攘攘。

从甘州向西，是甘肃西部、天山东部，以及塔里木盆地的绿洲城市。波罗家族三人自西向东而来，对这条绿洲之路的物产和文化，了然于心。可失合儿（今新疆喀什）、鸦儿看（今新疆莎车附近）、斡端（今新疆和田）的棉花和葡萄，阇鄽（今新疆且末）的玉石，哈密的音乐舞蹈，哈剌火州（今新疆吐鲁番）的谷物和酒，沙州（今甘肃敦煌）的佛教，肃州（今甘肃酒泉）的药材大黄，皆令过往的商旅难忘。

从甘州向北，是黑水城亦集乃（今内蒙古额济纳），即汉代的居延，大漠胡杨，多族荟萃。再向北，穿过戈壁，进入草原。辽阔的蒙古草原，是成吉思汗生长之地。马可获知了成吉思汗崛起的事迹，想象其弯弓射雕的英姿。早年的草原都城哈剌和林，成为王朝发展的基础，规模很小，方圆只有三里，如今降级为区域重镇。城内的一座华丽宫殿，改为了佛阁。

从甘州向东，经武威，向北进入贺兰山下的兴庆府（今宁夏银川）。兴庆府曾是西夏国的都城，蒙古语称之为"额里合牙"。令马可·波罗印象深刻的是，这里盛产用骆驼毛制成的呢子。

从甘州向东，经武威，向东进入陕西。长安（今陕西西安），常被视为汉唐时期丝绸之路的终点。唐代以后，长安衰落，不再是都城。马可应该也听说了长安的辉煌历史，说："昔日，此地繁华富饶，强大昌盛。历代国王均贤明有德。"元代时，长安依然壮美，马可按元代的习惯，称之为京兆府。

马可还获知，忽必烈封其子忙哥剌（Mangalai）为安西王，镇守京兆府，忙哥剌王的宫殿在城外。根据现代考古发现，安西王府遗址，在西安城东郊秦孟社"斡尔垛"，俗称达王殿。"斡尔垛"，即蒙古语"ordo"，宫帐、宫殿之意。马可描述安西王府的规模："宫殿前方为一道既厚且高的围墙，周长约为五里。围墙建筑精巧，筑有城堞。中央为宫殿，华丽壮观，堪称世上最佳。宫内有许多华丽大殿及房间，处处镶金，以天青石及无可尽数的大理石装饰。"安西王府遗址外墙周长二千二百多米，与马可所述的"约为五里"相符。大殿内所镶的金子、宝石装饰，都已难见踪迹。但现代考古学者发现在大殿内藏着一件文化瑰宝。1957年，在大殿台基下，一件石函被发掘出来，石函内有一件铁质阿拉伯幻方。幻方是一类数字方阵。中国古代的"九宫数"（三阶幻方），在唐代外传至波斯、阿拉伯，发展为六阶幻方，到元代传回中国。古人大概痴迷于数学的神奇奥妙，所以在营建宫殿时将幻方安置在基址之下。

从甘州向南，翻过祁连山，进入西宁州（今青海西宁）。在那里，马可生平第一次见到体型巨大的牦牛。他说："此地盛产野牛，如大象一般大，美丽至极。除背部外，野牛周身都长着黑白相间的毛，毛长三掌，细如丝。"对于白色、纤细的牦牛毛，马可·波罗视如珍宝。他带了一些回威尼斯，"凡是见过的人，无不称奇"。

在西宁州,马可见到了弘吉剌人。弘吉剌是蒙古的一个部落,与元朝皇室世代通婚,"生男尚公主,生女为皇后"。弘吉剌人本来都住在蒙古草原上。后来,赤曲驸马率领的一支,迁徙到了青藏高原东北部的西宁。赤曲驸马的父亲迭儿哥,本来是弘吉剌首领。迭儿哥率部归附成吉思汗,伴其左右。成吉思汗将女儿赐婚给他,迭儿哥却说:"你的女儿像蛤蟆,像乌龟。我怎么能娶她?"成吉思汗震怒,将他处死了。于是弘吉剌换了首领。迭儿哥的儿子赤曲,就率手下的四千户迁徙到了西宁。

弘吉剌的俊男美女,最符合元代蒙古人的审美。马可如此描述:"他们个高且丰腴,鼻小,发黑。他们只有下巴上多须,此外无一处有须。尊贵的妇女除了头上别无毛发,她们其他部位无一处有毛发,她们所有人在各方面都生得非常好。"

马可还说他们追求美丽甚于高贵:"不仅如此,我还要告诉你,如果有一位非常标致美丽的女子,她贫穷且生来地位卑微,而一位富有的大官人或大人物为她的美貌娶她为妻,就给她母亲足够的银子,按照事先双方约定,据其美貌程度估其价值。"可见他们多么重视容貌,"颜值"变成了价值。《元朝秘史》记载,弘吉剌老人将女儿嫁给成吉思汗时,说:"我们不争夺国土、百姓,我们养育美貌的姑娘,让她们坐在有前座的车上,驾着黑青骆驼而去,坐在高位之旁。"正是因为弘吉剌部落一直有这种习俗,所以他们才如此看重"颜值"。

在西宁州,二十岁的马可,生平第一次见到麝鹿。这种出产麝香的神奇动物,身形矮胖,又像羊又像鹿,没有角,一对长长的牙齿从嘴两侧伸出,宛如獠牙。马可很是喜欢,兴奋不已,临走还向猎人要了几颗麝鹿牙齿作为纪念。他走遍亚欧时,一直随身携带。

皇帝的合伙人

面见皇帝，是多么不容易的事情！

马可·波罗到了元上都之后，更有这种体会。

尼柯洛、马菲奥向忽必烈交付了教皇的使命之后，回归商人身份。一整个繁华的中国，在等着他们。按照元朝的习惯，皇室贵族会将资金交予商人，令其出外做生意，从中获取利益分成。这样的商人叫做"斡脱"（ortaq），在突厥语和蒙古语中意为合伙人。

作为皇帝的合伙人，多么荣耀！马可也跃跃欲试。

忽必烈却拍了拍马可的肩膀："留在宫廷，你要学的东西还很多。"

马可愿意将之理解为皇帝的眷顾和宠爱。其实，元朝流行"质子"。成吉思汗创立皇家侍卫军团，其中包括"秃鲁花"，负责白天执勤，守护宫廷，有事则出征。秃鲁花，主要由达官显贵的儿子组成，实际上就是质子军。成吉思汗的"秃鲁花"质子军,起初八十人,后来增加到一千人,再增到八千人。忽必烈时期,质子群体人数更加庞大。高丽、安南的王子,及诸侯、将校之子,都在宫廷做质子。如果马可被留做质子,当然是因为尼柯洛、马菲奥是"富浪皇帝"的使臣。

皇家侍卫,除了白天执勤的"秃鲁花",还有夜晚执勤的"宿卫",合起来叫做"怯薛丹"(Chesitan)。马可对鲁思悌谦说:"大汗为了彰显自己的威严,派一万二千名侍卫守护国家。这些侍卫被称作怯薛丹。"怯薛丹,是蒙古语"怯薛"的复数形式,本意为轮番,因为侍卫轮番执勤而得名。马可讲述了侍卫轮番执勤的制度:

> 这一万二千名侍卫有四位首领,每三千人选派一位首领。三千侍卫守护皇宫,长达三天三夜,其间他们在宫内吃喝。三天三夜后,此批侍卫离开,换另外三千名侍卫,再守护三天三夜。如是往复,等四队侍卫都已经轮过班了,又从头开始,终年皆如此。白天,那余下的九千名

不当值的侍卫也留在皇宫里,如需为大汗办公务或私事,便可外出,但必须有正当理由,且须征得首领许可。如某位侍卫发生严重事情,比方说父亲、兄弟或某位亲属将死,或是本人遭遇了灾难,无法马上回来,他必须向大汗请假。

侍卫分为四班,每班执勤三昼夜。每班侍卫三千人,负责把守皇宫内外各处宫门、宫殿、通道。真正有机会到皇帝身边执勤的,凤毛麟角。

而且在元朝,皇帝的行踪飘忽不定。一般的侍卫、质子很难知道皇帝在哪儿。元朝皇帝平时不上朝,不必早起,可以在皇宫内外的任何地方处理政务,随心所欲。忽必烈有一次在万岁山(今北京琼华岛)的浴堂里听大臣上奏,一边泡澡,一边就把国家大事办了。忽必烈还喜欢在宫内的平地上扎帐,像牧人一样,住在蒙古包里。大概因为蒙古包在冬季温暖舒适,所以元代叫做"暖房子"。皇帝在处理政务时,身边一般只有几个贴身的侍卫,再加上几位宰相,以及奏事的大臣,合起来顶多十几个人。

马可作为外国人，对语言和文化都还不熟悉，大概只能在皇宫外围不太重要的位置站岗。

马可对他的读者说："诸位不要以为大汗设立如此多的侍卫是因为惧怕谁，这只是为展示大汗威权而设。"守护宫门的侍卫们都很年轻，常常马虎大意。有一次，有一个百姓上访鸣冤，混在送酒的队伍里就进了宫，站在大殿里喊冤。忽必烈在寝宫里听见了，让贴身的侍卫和大臣去看。他们抓住这个百姓，审理了他的冤案，也惩处了他乱闯宫廷之罪。守宫门的小侍卫站岗不认真，肯定也受了罚。

站岗，是对年轻侍卫的训练。质子都是青少年，还有学习任务。学习的科目很多，除基础文化课之外，还有工匠技艺、药材药学、绘画雕塑、地理志书、酿酒工艺、水银制造、饮食烹饪等。

忽必烈偶尔会出现，对少年们加以鼓励，并测验他们的文武才艺。他们各自紧张地准备着，可常常还没轮到自己，忽必烈就匆匆离去。

其中有少数的少年，会被选拔进入"国子学"，也就是国家设立的最高学府。进入国子学后，国家供应每人每天一斤面、一斤肉,晚饭后"解渴酒"四瓶,并为其配备一名书童,给其家庭每日一升粮食。

待遇如此优厚,大家争先恐后,但名额太少。国子学的科目,主要是儒家经学、书算、礼仪。马可作为西方商人,对儒家经典中的深刻思想,一窍不通。他更喜欢和擅长的,是各种实用技术。

掌握一门实用技术,就能走遍中国,何必把考入最高学府当成人生的独木桥呢?

语言奇才

马可学习的重点科目,是语言。

在欧洲时,马可已经掌握了多种语言。他的母语是意大利语威尼斯方言。教会的修士们使用的拉丁语,对他来说相当于文言文。当时欧洲各国的通行语,是法语,波罗家族出外经商,必须掌握。尤其是地中海东岸十字军所说的法语方言,马可应该很熟悉。

第一次见忽必烈时,马可的蒙古语还不流利,需要翻译人员协助。有时,马可刚讲完一段,翻译人员还没说话,忽必烈的眼睛就眯起来,好像已经听懂了。这个年轻人热衷于讲述地理见闻。这正是忽必烈所看重的。

元朝幅员辽阔,民族众多,对外交往频繁,对翻译人员的需求很迫切。翻译人员分两种,一种叫做"通事",蒙古语叫"怯里马赤",负责口译;一种叫做

"译史",蒙古语叫"蒙古必阇赤",负责笔译。

成吉思汗接见丘处机时,负责口译的是耶律阿海。出色的翻译,使成吉思汗感到惬意。耶律阿海,来自宣德府,即今河北张家口宣化区。宣德一带,是游牧农耕交界地区,出了不少翻译人才。十一年后,1233年,元太宗窝阔台下令在燕京(今北京)设立学校,选拔一些孩子学习文书和弓箭,蒙古人学汉语,汉人学蒙古语,要求务必学成文武全才。窝阔台鼓励他们说:"若学得会呵,岂不是一件'立身大公事'!"

这是国内民族之间互相学习语言文字的情况。如果与外国交流,难度就随着地理距离而增大。与欧洲交流难度最大。元代是有史以来中国与欧洲直接交流的开始。当时欧洲几乎没有懂蒙古语或汉语的人。1266或1267年,教皇收到了伊利汗阿八哈用蒙古语写的信,却无人能读。忽必烈朝廷中能读拉丁语的人,也寥若晨星。

忽必烈身边语言能力最强的大臣,是爱薛('Isa,1227—1308年)。爱薛是叙利亚人,信仰景教,他的名字就是"耶稣"的另一种读音。爱薛掌握的技能,是通熟星历、医药，但因为通晓多种语言，成了忽必烈身边的"怯里马赤"，尤其在与西域人交流时负责口译。例如，西域天文学家札马鲁丁，科技才能卓越，但"不通华语"，向忽必烈奏事时，必须经由爱薛口译。而且天文学涉及很多专业词汇，译者非爱薛不可。爱薛"通西域诸国语"，起码包括叙利亚、波斯、阿拉伯语，可能也包括拉丁语。

爱薛之所以从西域迁居中国，是因为一位叙利亚长老的推荐。这位长老，名叫列边阿答，曾到东方觐见蒙古大汗，然后返回西亚。1246年，列边阿答在波斯的大不里士，给教皇写了一封信，并且送给教皇一本从中国带回来的小册子。他既然能给教皇写信，应该会拉丁语。

爱薛是列边阿答的弟子辈，被推荐到了中国。在忽必烈身边，他长期担任"怯里马赤"，而且能够直言进谏，很受忽必烈器重。当年尼柯洛、马菲奥第一次觐见忽必烈时，爱薛大概就是翻译人员之一。马可随着父亲、叔父抵达时，大概也是爱薛负责翻译。

爱薛对波罗家族很友好。他给商人家族帮了一个大忙。斡脱商人，从成吉思汗时期就有被免除商税的特权。1282年，忽必烈听从大臣提议，取消斡脱商人的特权许可证，以增加国家财政收入。斡脱商人纷纷叫苦不迭。爱薛从中帮助，向忽必烈反映了情况。忽必烈说："我寻思呵，这斡脱们的言语，似乎有道理。"于是让爱薛传旨，恢复了斡脱商人的特权许可证。

爱薛与马可的父亲年龄相仿，对这个自遥远的西方之地而来的年轻人，应该很友善。

实际上，爱薛不仅是翻译家、政治家，也是像马可一样的大旅行家。中国文献记载爱薛"数使绝域"，就是说他曾多次出使遥远悬绝的地方。在马可·波罗抵达元朝的八年之后，爱薛踏上了人生中最重要的一次旅行，抵达了欧洲。1283年，忽必烈命孛罗、爱薛二人出使波斯。

以前曾有学者将孛罗与马可·波罗混淆。实际上，孛罗（Bolod，约1246—1313年）是蒙古人。马可·波罗来华那年，孛罗已担任御史大夫兼大司农，也就是监察系统的长官兼任农业部部长。两年后，1277年，孛罗担任枢密副使，成为元朝的最高军事长官。1275—1283年,孛罗与马可·波罗都在元朝,但孛罗比马可地位高太多了,二人应该没有什么交往。1283年,孛罗出使波斯后,留居不回,成了伊利汗国的高官和文化顾问,被尊称为"孛罗丞相""孛罗阿合"(阿合,意为兄长)。孛罗将中国的历史、法律、医学、农学书籍带到波斯,对中华文化的传播也是功不可没。

1284年末1285年初,孛罗和爱薛抵达波斯。爱薛随即被伊利汗派遣出使欧洲。1285年,爱薛抵达罗马,向教皇递交了伊利汗的书信,然后返回波斯,最晚次年春应该已经回到了中国。爱薛作为官方使臣,心无旁骛,在两年多的时间里,经波斯往返中国、欧洲,比商人波罗家族三人走得快很多。

1283—1286年,爱薛由中国到波斯、欧洲往返,堪称伟大的旅行。可惜爱薛没有像马可·波罗一样留下一部"旅行记"。

但爱薛为中国带回了地理知识。爱薛回中国后,立即奏请编纂地理书《大元一统志》。爱薛、札马鲁丁与地理学家虞应龙等合作,将中国历代传承的地图,与他从西域带回的地图,合为一图《天下地理总图》。这就是中国历史上第一幅世界地图。在这幅地图中,不仅有中亚、西亚,还有西欧城市,只不过译名与今天不同。图中标注的"鲁麻",就是罗马;"法里昔",就是巴黎。这是巴黎第一次被中国史料记录。

有爱薛这样的榜样,马可·波罗努力的目标是既要掌握"通事"的口译技能,也要学会"译史"的文字能力。他勤奋练习所学语言的听和说,而且掌握了四种文字的读与写。

在《寰宇记》中,马可·波罗没有具体告诉读者他掌握的是哪四种文字。今天的学者只能根据元朝的情况做出推测。元朝官方的语言文字有多种。元朝的文物,是很好的例证。1985年,内蒙古科尔沁右翼中旗发现了一件夜巡牌,铜质,上面有汉文、藏文、回鹘文、八思巴文、波斯文五种文字。夜巡牌,是官方颁发给夜间办事的人员佩戴的。办事人员如果遇到巡逻的官兵,出示此牌,则可通行。官兵来自多民族。牌子上写五种文字,是为了适应这种情况。这五种文字,都可以称为元朝的官方文字。

马可·波罗掌握的，大概是波斯文、回鹘文、八思巴文，但第四种不太确定。

最确定无疑的一种，是波斯文。波斯语是丝绸之路上的通用语。从中东到中亚，一直到河西走廊，商人们都习惯用波斯语交流。马可在丝绸之路上走了三年多，波斯语说得很流利。这是马可·波罗最擅长的亚洲语言。在中国，凡是商业繁荣的地方，皆有丝路商人，波斯语必不可少。元朝官方设置了"回回掾史""回回译史"，负责翻译波斯文。马可·波罗在中国各地旅行时，不断见到说波斯语的商人。因此，马可在中国时，有时也按丝路商人的习惯，使用波斯名称。例如，元大都西南桑干河上的卢沟桥，是商贸荟萃之地。马可按波斯商人的习惯，称卢沟桥为"普里桑干"（Pul-i Sangin），意思是"桑干桥"。

马可在宫廷数年后，精熟蒙古语，与忽必烈交流毫无障碍。全国各地的长官，多数也是说蒙古语的。掌握了蒙古语，方便与他们交流。八思巴文，是忽必烈命八思巴创制的"国字"，用于官方文书。马可必然需要掌握。

在八思巴文创制之前，元朝使用回鹘文书写蒙古语。尼柯洛、马菲奥第一次来元朝时，忽必烈给他们颁发的金牌上写的就是回鹘文。少年马可在威尼斯时，曾仔细端详金牌上的文字。回鹘文，最早用于书写突厥语。成吉思汗命人略加改造，用于书写蒙古语。蒙古人主要分布在欧亚草原东部，而突厥人更多居住在草原西部，距离欧洲更近。忽必烈第一次给教皇写的信，是命人用突厥语写的，由波罗兄弟送到欧洲。马可在丝绸之路上，已接触了不少突厥商人。元朝也有很多突厥官员和商人。掌握了回鹘文，可以写蒙古语和突厥语，一举两得。

马可·波罗是否学过汉文，很难断言。在《寰宇记》中，他没有讲过汉字，实际上，是他没讲过任何文字。他见过的语言文字这么多，如果一股脑都介绍给欧洲人，那真是信息量爆炸。也许他给鲁思悌谦讲过，但可能是空口讲太抽象了吧，鲁思悌谦并未记录下来。世界上的大多数文字，是表音的，记住几十个字母就算学会了。但汉字既表音也表意，笔画多，初学者要下很大功夫。元代蒙古人初学时也觉得"汉儿文字难学"。忽必烈成长于草原,三十多岁才开始接触汉语,虽能听懂口语大意,但不会汉字,自嘲是"不识字粗人"。忽必烈一直愿意让孩子们学说汉语、写汉字。马可是否受了影响呢?马可在中国旅行十几年,即使不会汉字,至少也应该能说一些口语。

除了上述文字之外,元朝还有一种特殊的文字"亦思替非"。这种文字,实际上是波斯、阿拉伯的一种符号系统,用于财务记账。在大臣麦术丁的提议之下,1289年,忽必烈设立教授一职,开办培训班,让公卿士大夫与富民之子"依汉人入学之制"学习。麦术丁是波斯人,很早就担任"回回译史",负责翻译波斯文。在官方设立学校之前,麦术丁等人已在使用"亦思替非"文字。马可作为富商之子,也有可能跟他们私下学习过。

元朝的两座都城

马可·波罗在中国的前几年,主要是作为皇家侍卫,跟着忽必烈的朝廷,在元上都、大都之间来往。

元朝皇帝每年秋冬季在大都,春季启程北上,夏季在上都,往返于两都之间,称为"两都巡幸"。

两都风景,大不相同。元上都地区,是一望无际的草原。元大都则在群山环绕的华北平原上。

两座都城,都是忽必烈建造的。

英国诗人柯勒律治(Samuel Taylor Coleridge,1772—1834年)的浪漫主义诗歌《忽必烈汗》,是英语文学的代表作,在西方家喻户晓。诗人用优美的诗句,描绘上都城的自然风光和宫廷景象,如梦似幻。迄今在西方,上都(Xanadu)也被谐音为"香都",成了异域风情的代表,就像香格里拉一样,代表遥远而神秘的人间天堂。《忽必烈汗》是柯勒律治在读了一本书中简要摘录的《马可·波罗行纪》中的一段文字,得知忽必烈建上都的史实之后,于睡梦中得到灵感,进而肆意发挥浪漫想象而作。

上都,是马可见到的第一座元朝都城。他为之震撼不已。

上都起初叫开平,是1256年忽必烈作为宗王的时候建造的府城。1260年,忽必烈在即位后升开平为上都。马可误以为1256年是忽必烈登基称帝之年,由此看来,他这是对上都城的印象太深了。

上都的城市建造,是游牧、农耕文明融合的产物。马可对鲁思悌谦说,上都建在一片平原上,有两座宫殿,一座"大理石宫",一座"竹宫"。忽必烈主要在这两座宫殿中居住。大理石宫,承袭农耕定居民族的建筑特征。竹宫,则采用游牧民族建筑的建造方法。

马可对上都的"竹宫",尤为赞叹。这座宫殿,内部装饰华丽,廊柱镶金雕龙,最奇特的是此宫殿全为竹子制成,规模宏大,制作巧妙——用两百条丝带将其捆扎固定,如有需要,可完全拆除。

上都城内,有禁苑,养各种动物。马可大约曾在那里执勤站岗。忽必烈到禁苑时,常将一只猎豹驮在马背上。他如果高兴,会放豹捕鹿,用捕猎的肉喂养鹰隼。

元朝皇家养了上万匹白马,分散在各地。每年夏季,白马云集于上都,牧人以马奶酿酒。每年阴历七月七日,皇帝命宫廷萨满师婆、太史院占卜择吉日。在所择定的吉日,皇帝与皇后亲自抛洒马奶,举行祭祀,祭祀礼成后,即启程返回大都。

1276年阴历七月二十八日,马可在上都,亲眼观察了元朝皇家洒马奶祭祀,旋即跟随皇帝的队伍,浩浩荡荡南下,返回大都。

皇帝从上都到大都,要走二十多天,沿途经过很多风景优美的行宫。由上都出发,经南坡店(内蒙古正蓝旗北)、盖里泊(内蒙古太仆寺旗南巴彦查干诺尔)、遮里哈剌(河北张北县西北安固里淖)、忽察秃(河北张北县西)、野狐岭(河北张北县南)、宣德府(河北宣化)、妫头(即棒槌店,北京延庆东口)、龙虎台(北京昌平西北)、大口(北京海淀北)等地的二十四处行宫,抵达大都。

马可按西域人的习惯,称元大都为"汗八里",意为"大汗之城"。

忽必烈登基后,定都燕京,即金朝的都城中都。1267年,忽必烈下令,在中都城外东北方向开工建造规模更加宏大的新城,1272年,将其定名为大都。马可·波罗称原来的中都城为"旧城"。很多官员、百姓,还住在旧城。新的大都城竣工后,忽必烈鼓励旧城居民迁入新城,赐予他们土地。

元大都,经十余年才竣工。在此之前,忽必烈喜欢居于"青山"之上。

青山,又称万岁山,即今北京琼华岛。马可说,这座山丘,在皇宫以北一箭之地,由人力所筑,高百尺,周围约一里。山在水中,峰峦隐映,松桧隆郁,秀若天成。忽必烈在山上遍植世上最美之树木,又命人以琉璃矿石满盖此山。山顶有一大殿,甚壮丽,内外皆绿,致使山树、宫殿构成一色。凡见之者莫不欢欣。大汗筑此美景,以为赏心娱乐之用。青山凉爽宜人,宫殿号称"广寒宫"。

1274年,元大都皇宫正殿大明殿建成,从此忽必烈每年正月登上正殿,接受百官朝贺。马可·波罗说，元朝每年有两大节庆，一是新年元日，一是皇帝生日。新年元日的节庆，在元大都大明殿举行，因为蒙古人崇尚白色，当天在场众人所着服饰皆白，号称"白节"。

马可观察到，元大都的宫殿，并不是西方那种的城堡高楼，而是只有一层的建筑，但台基高大，气势恢宏。宫殿富丽堂皇，屋顶上釉，五彩斑斓，朱红色、绿色、天蓝色、黄色，不一而足，细腻丰富，如水晶般，熠熠生辉。

皇宫以西，是一大片人工湖，即今中南海。再向西，是皇太子宫，外观与规格一仿皇宫。忽必烈的皇太子，名为真金（1243—1286年），已经被赋予了很多权力。后来真金先于忽必烈而卒，真金之子铁穆耳（1265—1307年）继承皇位，即元成宗。

元大都城市布局方正，道路平直宽阔。在每条主道边上，都建有各式房屋与商铺。都市繁华，人口众多，有很多客栈，供世界各地的旅客住宿。

马可说，各类货物输入，有如川流不息。仅丝一项，每日入城者计有千车。可见其商业之繁荣。

经济繁荣的另一个标志是货币制度。元朝是世界上第一个以纸钞为主币的国家，货币概念非常超前。马可作为商人，惊叹不已。忽必烈的财富如此源源不断！马可说，元朝用楮树的树皮制作纸张，在上面印制钞额，钤盖大汗的玺印、官印，加上官员的签名，以便防伪。如果纸钞因使用太久而撕破或磨损，持有者可以倒换新钞，仅纳费用百分之三。

至于元大都从西山采掘煤炭作为燃料，皇帝赈济贫苦百姓的制度，以及庞大缜密的行政机构，都是西方人闻所未闻的。

皇家游猎

马可作为侍卫,熟稔皇帝每年的居止习惯。他说,大汗每年居城中六个月,游猎三个月,居竹宫避暑三个月。

游猎,在元朝皇帝的生活中占有很重要的位置。皇家游猎,主要分为春、秋两次。

春猎在柳林。忽必烈每年3月初从都城南下,行二日程,至海子,在那里举行春猎。这个"海子",并非海洋,而是湖泊。蒙古是内陆民族,湖、海不分,都称为"淖尔"(na'ur)。这个地方,是今北京通州东南部漷县镇的一处湖泊,旧名延芳淀,曾是辽代君主春季游幸之地。当地柳树丛生,得名柳林。柳林春猎是元朝历代皇帝必循之例。元武宗在漷州泽中筑"呼鹰台",英宗建行殿于柳林。呼鹰台,显然与鹰猎有关,后世称为晾鹰台,是清代漷县八景之一,遗址至今犹存。

柳林是一片地区的统称。忽必烈驻营扎帐的那个具体地方，叫做"哈察磨敦"（Cacciar Modunn）。这是蒙古语，意为独树。大概是因为此处有一株大树很显眼，四周平坦开阔，适宜驻营。忽必烈带着后妃、诸王、官员、侍卫，前来此处，扎下上万数量的营帐。最大的一个帐幕，可容纳一千骑士，作为忽必烈的大殿使用。大帐后面，有一个稍小的帐，是忽必烈就寝之所。

柳林春猎持续一个月有余，随后皇帝回到大都时，有迎驾、朝会等庆典。一次，忽必烈出猎结束，乘象舆还宫，伶人夹道迎接，其中有色彩斑驳的舞狮，大象受惊奔走，幸而有孔武有力的大臣挺身而出，拦住了惊象。

忽必烈回到大都，在宫殿大宴三天，便启程赴上都。经大口（北京海淀北）、龙虎台（北京昌平西北）、棒槌店（北京延庆东口）、沙岭（河北沽源县丰源店）、失八儿秃（即牛群头，河北沽源县南）、双庙儿（内蒙古正蓝旗南李陵台附近）、南坡店（内蒙古正蓝旗北）等地的十八处行宫，到上都。

上都秋猎，大体分为纵鹰捕禽、围猎捕兽两种方式。

距离上都三日程，有一个地方，名为察罕脑儿（Chaγan Na'ur），意为白色的湖，是两都巡幸的必经之地。此地平坦开阔，水草丰美，建有一座行宫（遗址即河北省沽源县北小红城）。皇帝常常在此停留游乐，捕猎鸟兽。

忽必烈在察罕脑儿行宫附近设"鹰房"，为皇家驯养猎鹰。驯鹰人，称为"昔宝赤"。当地本就有大量野生禽鸟，他们又在附近的山谷中畜养鸥鹆，不可计数，以备捕猎。昔宝赤首领，由几个家族世袭，包括回鹘人、康里人、汉人等多个民族的人。冬季，昔宝赤带着驯鹰南下大都，随后参与柳林春猎。

为防止皇家的鹰飞出去以后与百姓的鹰混淆，1284年，忽必烈下旨，"百姓的鹰，脚上拴系黑色皮子，而皇家的鹰，用红、紫、杂色皮子"，而且对捕鸟，下有禁令。除在昔宝赤首领处登记，或是有特权外，其余任何贵族、官员不得在大汗居所附近狩猎捕鸟。这就是纵鹰捕禽。

忽必烈在上都地区还设置"贵赤",驯养猎犬。《元史》记载,1276年,康里人明安奉命组建万人贵赤。马可也提到,大汗属下有两位官员,是亲兄弟,一名伯颜(Bayan),一名明安(Mingan),兄弟两人各统万人。这位伯颜,不是蒙古人"百眼"伯颜,而是康里人。康里,是居住在里海以北草原上的游牧民族,元代有很多人东迁,效力于元朝。

大汗出猎时,其一贵赤将所部万人,携犬五千头,从右行。另一贵赤率所部,从左行。相约并途行,中间留有围道,广二日程。围中禽兽无不被捕者。大汗偕官员骑行旷野行猎时,可见此种大犬无数,驰逐于熊、鹿或他兽之后,左右奔驰,极堪娱目。这就是围猎捕兽。

1280年的"圣诞节"

1280年阴历八月二十八日,马可在察罕脑儿行宫,参加了忽必烈六十六岁生日的庆典。这是个吉祥的岁数。高丽国王作为忽必烈的驸马,也赶来参加。马可的父亲、叔父也算好了时间,沿着经商的路途返回。

皇帝生日节庆,元朝官方定名为"天寿圣节",又称为"圣诞节"。"圣"不是指古代圣贤,而是指当朝圣人忽必烈。宫廷中的天寿圣节,分为朝贺和宴会两大环节。

朝贺是一种盛大的礼仪,在行宫大殿前举行。朝贺仪式分为三大步骤。第一步,后妃、诸王、驸马依次上前,贺祝,献礼。第二步,丞相祝赞进酒,进读五品以上官署的贺表以及进献礼物的目录。最后,僧、道、耆老、外国蕃客,依次称贺。朝贺全程,有专人高声赞唱礼仪程序,指挥流程。还有札撒孙、监察御史两位官员负责维持秩序。如此，贵族百官依次朝贺，井然有序。

马可作为侍卫，本来要在两侧站岗，但因为是外国人，所以获准放下侍卫工作，与父亲、叔父一起站在外国蕃客的队列中。尼柯洛、马菲奥献上从东南沿海地区带来的水晶。他们这五年来在中国各地贸易，为忽必烈带来了很多利润。忽必烈回赐钞币和金锦袍服。

朝贺之后，是宴会。除了侍卫之外，所有人要换下原来的朝服，改换蒙古式的"质孙服"。质孙，即蒙古语"颜色"之意。按照蒙古传统，君臣穿着同一颜色、同一款式的袍服，参加宴会，称为"质孙宴"。这些袍服，都是用织金锦之类的昂贵布料制成的。虽然颜色和款式相同，但越是身份高贵者其袍服价值越高。有一些袍服上饰以珍贵的宝石和珍珠，价值超过千金。显贵者所配腰带，盛饰金银珠宝，靴子以金丝银线刺绣。质孙服共有约二十等，每次宴会，按规定穿着。受宠的或有功的臣子，会得到皇帝赏赐的贵重质孙袍服。没有质孙服的外国蕃客，会被允许穿他们本国衣装，就像波罗家族三人初次觐见时那样。如今，他们都已备好质孙服了。尼柯洛、马菲奥更是换上了忽必烈刚刚赏赐的金锦袍服。

质孙服换好之后，所有人上殿，找到自己的席位。大殿中央，是一件巨型酒器。元朝人称之为酒海、酒局。大殿中央的酒海，以玉制成，外面雕刻瑞兽图形，镶嵌黄金，内部容量与大酒桶相当。四周有四个小瓮，容量与木桶相当，盛着各式佳酿，如马奶酒、葡萄酒、米酒、蜜酒等，以大金杯取酒，可供九或十人同时饮用。与宴者，每两人一个大金杯，每人一个带把的小金杯，从大金杯中取酒。

有一些官员专门负责为不懂宫廷礼仪的外国蕃客安排座次。这些官员在大殿内来回穿梭，询问在席的外国蕃客有何需要。如有人要酒、乳、肉，或是其他东西，他们便立刻让侍从们送来。

在大殿门口，立着两名形如巨人的卫士，号称"殿外将军"，手中执仗。他们不让任何人触碰门槛，所有人必须跨过门槛进入。如果有人不小心触碰门槛，巨人卫士便要剥去他的衣服。此人如要取回衣服,则需支付赎金,如不愿剥去衣服,便要接受笞刑。外国蕃客不懂得此禁令,有一些官员专门负责向他们解释:"按中国习俗,触碰门槛会带来厄运。"马可在宫廷五年,早已熟知这一习俗。他喝了一口清冽的马奶酒,笑着对父亲和叔父说:"出大殿时,巨人卫士就不管了。因为常有人喝醉,无法看清四周,所以门槛禁令便无须强制遵守。"

马奶酒,音译"忽迷思",是蒙古人最喜欢的饮品,用马奶发酵而成,酒精度很低,酸味很大,质量最优者,颜色清冽,称为"黑马奶子"。马可很喜欢它的味道。不过如果是在大都,他更喜欢汉人用粮食酿造的酒,比世上任何酒都清澈,但易醉。

马菲奥灌了一杯葡萄酒。他在中国各地旅行时,葡萄酒还不太常见。吐鲁番和山西出产葡萄酒,进贡宫廷。他给马可讲中国的葡萄种植和葡萄酒产区,谈论其味道与欧洲产品各有千秋。讲到这里,马菲奥蓦然泛起一丝思乡之情。

尼柯洛闷着头喝蜜酒,不发一言,心里想的是蜜酒产地斡罗斯森林。那里天气寒冷,男女皆嗜好到酒馆里饮酒。他和马菲奥曾造访那里的酒馆。据说，比那里更向北的地方，常夜不昼，号称"黑暗之州"。

教坊司伎乐人来到殿中，手持凤箫、象板、龙笛等乐器，演奏蒙古音乐、河西音乐，欢腾鼓噪。侍女歌唱散曲，婉转悠扬。

忽必烈和皇后坐在大殿的御榻上，尽兴欢宴。

忽必烈见到马可等在席上，召他们上前，问马可："来此几年了？"马可答："在宫廷，已有五年。关于元朝语言文字、工艺技术、贸易知识，学习颇有心得。"忽必烈口头出题考他。爱薛在一侧席上瞥见，担心这个年轻人答不出来，便走过来。没想到马可对答如流，颇合上意。他的地理知识和表达能力，再次唤起了忽必烈的记忆。于是忽必烈交给马可一项出使任务。

"哈剌章，远在西南，六个月路程。且近年边境不太平。没有你的父亲和叔父同行。可敢行否？"

哈剌章，即云南，是忽必烈生平第一件武功所在。1252—1254 年，忽必烈作为皇弟，奉宪宗蒙哥之命，率军远征哈剌章，灭大理国。云南从此直属于中央。

云南与缅国接壤，边界有争端。1277年，缅国进犯云南，被云南行省击退。1280年初，云南行省臣纳速剌丁请求征伐缅国。

纳速剌丁，是迁居中国的西域人。其父赛典赤·赡思丁，是元朝第一任云南行省长官，主政云南，深孚众望。1279年，赛典赤去世。纳速剌丁作为其长子，被推荐接手云南政务。同样是1279年，发生在西南地区的另一件大事，是四川重庆最后一座堡垒钓鱼城投降。钓鱼城，是元宪宗蒙哥殒命之地。自1276年杭州投降后，四川各地纷纷投降，唯独钓鱼城孤城坚守。直到1279年，南宋残余势力覆灭于崖山，钓鱼城才投降。四川平定。纳速剌丁认为，没有了后顾之忧，可以着手彻底解决缅国袭扰边境的问题了。

忽必烈与宰相商议后，同意了纳速剌丁的提议。但战争的准备，需要细致的调查研究。忽必烈曾亲征大理，知道西南地区山峦起伏，民情复杂。快三十年过去了，如今云南情况如何？忽必烈调遣文武官员，广泛听取军民报告，仍不放心，又派遣外国人马可出使。

忽必烈知道马可并不谙熟军事，所以给他安排的是斡脱商业事务，顺便调查云南的货币状况。经济是地区局势的缩影。

马可毫不犹豫，欣然受命。

游历大汗之国

卢沟桥又名马可·波罗桥

在忽必烈的生日宴上接到任务后,马可·波罗随着宫廷大队人马来到大都。深秋时节,马可从元大都出发,前往云南。

斡脱商业事务,是自由度较高的生意,但因为有皇帝的投资,被元朝视为"公事"。斡脱商人因而可以在驿路上获得很多便利。

从大都到云南,路途遥远,要经过很多自然条件艰苦的地区,孤身旅行太危险。忽必烈又派遣一位蒙古使臣,还有两位随从,与马可同行。

马可上路了。

出大都,向南,过卢沟桥。卢沟桥是大都向南的交通枢纽,始建于金代。这座石拱桥,长不少于三百步,宽八步,可容纳十个骑马的人并排通过。桥栏上有数百个石狮子,姿态各异,惟妙惟肖。威尼斯城内的桥,数不胜数。威尼斯人马可却对卢沟桥赞不绝口,说:"这是世上最美的石桥,独一无二。"至今西方人仍称卢沟桥为"马可·波罗桥"。

从卢沟桥向南,第一个大城市是涿州。从涿州向南,分为两条道路,一条往西,一条往东南。往东南可沿运河直达杭州。马可走的是往西的路,经真定(今河北正定),进入山西太原,见到了马菲奥所说的葡萄园。马可继续从太原向南,到平阳府(今山西临汾),至解州。河北、山西地区的桑麻丝织,令马可印象深刻。但马可急于赶路,来不及细看。

马可从山西南部过黄河,进入繁华的京兆府(今陕西西安),又向西,进入汉中,过高山深谷,至蛮子阿黑八里(今陕西汉中)。这是蒙古人对它的称呼,意为蛮子边境的白色之城。继续西南行,至成都府,马可见到,城中有许多大河,都汇聚成一条名为"江水"(Chiansui)的大河,流入大海。江水,就是长江。

马可·波罗离开成都,进入川西。他称其地为"土番"。当地野兽极多,行人恐行路不安全,就点燃竹子。竹子在燃烧时,会发出噼噼啪啪的爆破声,可以吓跑野兽。爆破声音太大,行人必须用棉花好好堵住耳朵，还要用所有能找到的棉布将脑袋和脸都包起来。头一次听见这巨响的马儿会惊恐万分，甚至会挣脱开缰绳和任何束缚物，四窜逃跑。行人必须将它的脑袋，尤其是眼睛和耳朵，都包起来，并且以绳捆住它的四蹄，防止它乱跑。

马可在"土番"旅行的时间颇长，见到了世界上最大的狗——藏獒。他说，这种狗"像驴一样大"，当地人用它捕猎野牛。

离开"土番"后，马可进入建都（今四川西昌）。当地有一个大盐湖，出产珍珠，还有一座高山，出产绿松石，两物皆由国家专营，任何人不得随意采取。建都的边界，有一条大河，河中有大量金沙。这是长江的上游金沙江。马可记录了它的蒙古语名称"不鲁失"（Brius）。

马可穿过金沙江，进入哈剌章。哈剌章的首府押赤，即昆明，极为繁荣。城中商人工匠众多，各族杂居。忽必烈的孙子也先帖木儿封云南王，在此驻守。此处有一片湖，周长百里。湖中鱼儿无可尽数，味道鲜美，世上最佳。此即滇池。

云南西部是金齿地区，首府名为永昌。马可在记录地名时，使用了波斯语"匝儿丹丹"(Zardandan)，意为金齿。当地男性居民牙齿裹金。他们将金子打磨成贴合牙齿的形状，覆盖住每颗牙齿，上下牙全都被如此一一包住。

云南之外，是缅(Mien)、朋加剌(Bangala)、交趾等国。

第二年，即1281年，马可北返。与他同行的，多了一位官员怯烈。怯烈，是家居太原的西域人，时任云南行省左右司郎中，大致相当于办公厅主任。纳速剌丁命他入朝，向忽必烈报告边事。怯烈也是一位语言天才，在云南学会了缅国的语言，能言善辩，戏谑地称马可为"messer"，这是法语，相当于"阁下""先生"。路上，马可逐渐发现，怯烈说起话来滔滔不绝，但实际上张弛有度，与马可畅谈经济和社会，却绝口不提机密军事。

马可回到宫廷，向忽必烈讲述了他的见闻，当然讲到了他所听闻的元缅之战。1277年，缅国王遣大将进犯永昌。缅国王以举国之力，召集了马、象、步三军。象两千头,每头象背负战楼,载 12—16 名士兵;骑兵与步兵共四万,气势汹汹。元朝云南行省仅有一万二千骑兵,而元军统帅纳速剌丁运筹帷幄,无所畏惧。双方在永昌平原对阵。元朝战马见到大象,不敢前进。纳速剌丁下令,系马于林,发箭如雨,齐射象兵。大象护甲薄弱,受伤后掉头狂奔,自相踩躏。元军策马追杀,缅军大败。元军俘获了两百头大象,献给皇帝。

忽必烈闭着眼睛听着。

实际上,忽必烈此前刚听取了怯烈的军事报告。事涉机密,他先在营帐中单独接见怯烈,然后才召马可等人进入。1277 年的战役,其实有两次。阴历三月是永昌防卫战,统帅并非纳速剌丁,而是大理军民长官;十月是主动出击战,纳速剌丁作为统帅,进攻至缅国江头城。马可将两次战争合为一次。因为马可到云南时,纳速剌丁正在筹划再次征缅,所以马可有此误会。

忽必烈不动声色,无意纠正马可的错误。按怯烈的报告,永昌防卫战的元军仅 700 多人,纳速剌丁所率军队仅3840人，比马可所说的12000少太多了。忽必烈对于两人报告的差异，自有判断。怯烈作为纳速剌丁的僚佐，自然而然会夸大战功。马可的见闻来自民间，这说明纳速剌丁在西南边区声望不低。

让忽必烈不满的，是那位蒙古使臣。他获得的信息太"官方"，没有为忽必烈带来任何新"知识"。照本宣科的报告，让人昏昏欲睡。忽必烈稍一追问，他便答不上来，含糊其辞。忽必烈斥责他愚昧无能，并且说，自己宁愿一闻异国的新鲜事物和奇异风俗，也不愿意听取关于出使事务的报告。

马可则讲了很多物产、风俗、民情、传言，很合忽必烈之意。忽必烈乐于追问，马可欣然对答，相得益彰。丰富的生活细节，才能让人如同身临其境。从川西到云南的行程，勾起了忽必烈三十年前的回忆。

马可较为全面地调查了云南的货币情况。云南与元朝其他地方的货币体系不同。元朝全境通行纸钞，唯有云南使用金、盐、贝为货币。金，产自云南的金矿。盐，产自四川和云南的盐井。人们从深井中采出卤水，将其置于铁锅中煎成盐巴，又用类似的方法，制成标准尺寸和重量的盐块,作为货币使用。贝,产自印度洋,输入云南,作为小额货币使用。

云南的贝币政策,与怯烈有渊源。在归途中,怯烈曾告知马可其事原委。1275年,云南建行省,怯烈到云南当官。他发现,有商人从江南贩运海贝到云南。江南的海贝,是通过海船从印度洋低价进口的。海贝在江南毫无用处,市舶司里贮存了很多。于是怯烈建议,官府不如将市舶司的海贝送到云南,买云南特产的黄金和马。但随后,云南官员们发现,海贝大量输入,导致贝币贬值,物价腾贵。怯烈与官员们再次讨论商议,推翻了自己最初的提议,禀明朝廷。于是,1276年,忽必烈下旨,禁止贩运海贝入云南。马可·波罗在云南,详细调查了贝币的通行地区,贝币与银的汇率,以及银与金的汇率。忽必烈得知,云南物价稳定,走私海贝得到了遏制,感到欣慰。

怯烈的军事报告,聪辨练达。忽必烈大为满意,赐虎符。第二年,忽必烈又召怯烈入上都,问征缅事宜,赐币帛及翎根甲。第三年,1283年,元朝正式发兵征缅。怯烈往来招谕其国,功不可没。1287年,缅国臣服。后来马可也获知了这一消息。

忽必烈偶然间听到怯烈戏称马可为"阁下",就也开玩笑地叫马可"阁下"。因此,出使云南归来后,马可就有了"阁下"的尊称。

三件大事

1281年,从云南回来之后,马可在大都住了一年。这一年,马可见闻了三件大事。

第一件大事,是元朝东征日本失败。

马可返回宫廷后,东征日本失败的消息传来。据说忽必烈震怒。因此没人敢公开谈论此事。东征日本,是机密军事,马可未曾与谋。夏季以后,征日军队的残兵败卒,零零散散回到两都。马可试图向他们询问具体战况。但战争失败,亲历者讳莫如深。于是人们更加好奇,在街谈巷议中,事实逐渐夸张走形,只是大致脉络无误。

在历史上,元朝东征日本,共有1274年、1281年两次。第一次东征规模较小,无果而终,当时马可尚未抵达元朝宫廷。马可为鲁思悌谦讲述的,是第二次,也是规模最大的一次。马可说,大汗派遣两名统帅阿剌罕(Alacan)、范参政(Vonsainchin)出征日本。

这两人确实是征日主帅。阿剌罕，是蒙古人。范参政，名为范文虎，是江西人，参政是他的职衔"参知政事"的简称。马可说，他们分别率军，从泉州（刺桐）及杭州（行在）出发，沿海路前进，抵达日本岛。下船后，士兵们攻占了平原上的许多土地及村落。但台风呼啸而来，战船多数被毁，很多军士被浪涛吞没。两位统帅收拾残军逃回。

马可所述，符合这一历史事件的基本脉络。他提到，两位统帅相互忌恨，拒绝互帮互助。这确实是战争失败的原因之一。当然，历史有很多复杂的细节，在马可的讲述中都被简化了。例如，在历史上，阿剌罕在出征前几天突然患病去世，由另外的将领代为统帅。出征的军队，包括蒙古军、高丽军、汉军、江南新附军，其中有一些是从朝鲜半岛出海的。马可并没有讲这么细。

至于忽必烈出征日本的动机，众说纷纭，至今学者也未达成统一的意见。马可所述，是最具传奇性的一种：日本盛产黄金，其宫殿的地板都是黄金砌成的，忽必烈为其财富而派兵征伐。这显然是民间的传言，将日本确实有金矿的事实夸张渲染为遍地黄金。马可没去过日本,也无从得知忽必烈的真实想法,就只从财利的角度解读了。

第二件大事,是秋季围猎。

这一年阴历九月初,相当于公历 1281 年 10 月中旬,忽必烈在大都近郊地区举行了一次围猎。一般而言,秋季的围猎在上都一带举行。这次在大都围猎,比较特殊。

这与禁猎制度有关。为防止过度打猎,元朝颁布法律,规定了禁猎时间。马可说:"在大汗统治的所有领土上,自 3 月至 10 月,国王和任何官员都不敢抓捕或猎取野兔、黇鹿、狍子,或其他动物,以让它们繁殖。"禁猎的范围,不仅有时间范围,还有地域范围。忽必烈在即位后的第三年,即 1262 年,便下旨,在元大都四面各五百里地内,除打捕人户依年例合纳皮货野物打捕外,禁约不以是何人等,不得飞放打捕鸡兔,违者治罪。这构成了一个大范围的禁猎区。

禁猎区的南界,在阿黑八里,即真定。马可告诉鲁思梯谦:"这是边界,另一边是大汗的围猎场。除大汗与他的随从，以及在养鹰人首领处登记的人之外，无人敢在此狩猎。过此边界，凡是贵族，均可狩猎。大家也都知道，大汗几乎不去那儿狩猎。然而野兽也因此肆意生长繁衍，野兔数量尤多，破坏了州中的农作物。大汗得知此事，便带着整个宫廷的人前去猎杀了许多野兽。"

马可参与了这次围猎，并射获一只野兔。在宫廷数年，他学会了骑射，但在箭术高手面前，相形见绌。那些年轻的侍卫"火儿赤"（意为箭筒士），三岁骑马，五岁射箭，纵马射猎，百发百中。他们每有射获，便呼啸喧闹，疾驰而过。

半年后，发生了第三件大事，即震惊朝野的阿合马遇刺事件。

阿合马，是西域人，聪慧能干，擅长理财，增加了国库收入，被忽必烈任命为宰相，权倾朝野。

阴历二月二十四日，忽必烈按惯例带着后妃、诸王、官员们前往上都，阿合马留守大都。

马可刚刚得到了南下江淮的任务，便没有前往上都，而是在大都准备行装。三月的一个夜晚，气温适宜，万籁俱寂，夜幕中却掩藏着肃杀之气。马可本已就寝，午夜时分，突然被划过夜空的锣声惊醒。那是紧急状况的警报。骑兵在街道上奔驰而过。大都全城戒严。步军擎着火炬，往来巡逻。任何人不得走出家门。马可焦急地望向屋外。直到天明，马可从街巷传言中得知：宰相阿合马昨夜遇刺身亡！

　　朝中很多汉人官员与阿合马不和。他们认为，阿合马贪腐弄权，任人唯亲，卖官鬻爵，欺男霸女，忽必烈被他蒙蔽了。一名"千户"与一名"万户"，怨恨阿合马，合谋起事。万户伪装成皇太子真金，坐在龙椅上，在身前燃起许多烛火，派人去找住在旧城的阿合马，宣告皇太子已于夜间归来，召他立刻觐见。阿合马一向惧怕皇太子，立刻动身前往。他抵达城门，守城长官是一位名叫火果台（Cogatai）的蒙古人，统帅着一万二千名卫兵。

　　火果台询问："您这时候上哪儿去？"

　　"去觐见真金，他现在回来了。"

　　"这怎么可能？"火果台说，"我怎么不知道皇太子来了？"他派一队人马跟着前去。

阿合马进入宫殿,他见烛火辉煌,便跪在万户面前,以为他确是真金。千户早就拿着一柄剑等在那儿了,即刻将阿合马的脑袋斩了下来。

火果台守在宫殿入口,见此情景,大声喝道:"有反贼!"他朝坐在龙椅上的万户射出一箭,将他杀了,又命卫兵捉住了千户。

火果台派人前往上都禀告忽必烈。第二天早晨,火果台奉忽必烈之命审查,后将许多参与其事的官员治罪或斩杀。

忽必烈回到大都,才逐渐得知阿合马做宰相时恶行累累,甚至施行巫蛊之术。忽必烈命人查抄阿合马的财产,发现阿合马家中堆金积玉,富可敌国,于是下令将阿合马的尸身从坟墓里挖出来,当街示众。阿合马的儿子们也被断罪处死。

以上就是马可·波罗告诉我们的阿合马遇刺事件始末。马可·波罗所记的"千户"与"万户",对应中国史书中的王著和张易。至于事件的很多细节,马可的讲述与史书的记载不尽相同,却独有价值。在史书中,阿合马遇刺事件更复杂,牵涉人物更多,很多细节扑朔迷离。当朝宰相遇刺,震惊中外,事涉机密,亲历者三缄其口,很少有人能知道完整的真相。越是保密的事情,越能引起人们的谈兴。当时社会上就流传着多种不同的故事版本,南到江南,西到波斯,人们都在谈论,而且传得越远,越是绘声绘色。身处元大都夜禁戒严之中的马可,为我们提供了一个简洁的入门版本,当时肯定曾在都城的街巷中风传。

沿着大运河旅行

1282—1287年的五年之间,马可·波罗不止一次沿着大运河旅行。

威尼斯有一条大运河,穿城而过,是城中的主要水道,全长逾三公里,而中国的大运河,全长将近一千八百公里!

元朝凿通京杭大运河,在中国历史上是一件大事。大运河,是中国古代的伟大工程。元朝开凿三段河道,把隋唐时期以洛阳为中心的运河,修成从大都(北京)直通杭州的南北纵向大运河。京杭大运河沿线城市蓬勃发展,成为当时世界上最繁荣的经济带。马可·波罗只有对大运河沿线的城市才使用"富庶"这一形容词。

他不止一次提到,运河上的客船、货船,熙来攘往,为运河沿线城市的居民带来了巨大利润。

在将陵(今山东德州),马可对浩瀚的大运河印象很深。沿河运输的商品，如丝绸、香料及其他宝货，数不胜数。

沿河南下五日，到东平（今山东泰安市东平县）。东平在元代是鲁中区域中心。这一地区种植桑麻棉花，盛产丝绸，经济蓬勃发展，财政收入极高。马可在这里逗留较久，与当地汉人交往颇深，留下了美好的回忆。马可后来说，汉人语言和善，互相礼敬，与人见面即现欢颜。他不惜用一大段话，描述汉人少女的温婉贤淑：

> 汉人少女，比其他地方的人更束身自好，贤德淑良，谦恭朴素。她们不过分装饰，不跳舞，不大声喧哗，不会探身窗前去看过路人，也不会让过路人瞧见自己。她们不打听别人的私事，不赴宴，不娱乐。她们出门只是为了去必要的地方，如去寺庙拜佛，或是去探望同胞兄弟姐妹或父母。她们由母亲陪伴，绝不会无礼地盯着别人。她们头上戴着优雅的帽子，只能瞧着地上。在路上走动时，她们只是注意下脚的地方。她们

在长辈面前,尤为恭敬,从不多说一句废话,只有在被询问时才会开口。她们呆在闺房中,忙着自己的活计,极少在父亲、兄弟及家中老人面前露面。她们也不与情人逗乐。

也许是东平的生活,拨动了他的心弦。而且他详细描述当地人如何拜神占卜,寻找失物。他最后补充说:"我马可便是这样找回了我丢掉的戒指,但我并未对神供奉任何祭品。"

马可在山东时,听说了李璮相公(Litan Sangon)谋反的故事。金末元初,红袄军在山东起义,后来演变为地方割据势力。其首领李璮(?—1262年),于忽必烈在位初期起兵谋反。忽必烈调兵遣将,平定其乱。马可听闻,忽必烈派遣的将领是阿术(Agiul)、忙兀台(Mangatay)。这两位,都是史书上有记载的人物。阿术尤为有名,出自蒙古名将世家,是攻宋的第二号统帅,地位仅次于"百眼"伯颜。

山东济宁的新州码头,是南、北河段的交汇点。城中船队不计其数,数量之多,如非亲眼所见,实难相信。中国南、北方的商船，载着无可尽数的商品，到这里交易，返航时，又满载而归。

马可沿着运河旅行时，重点关注盐业。

古代的盐，由国家专营。商人必须获得"盐引"——国家统一颁发的买卖许可证，才可以贩盐，否则，即为贩卖私盐，属于重罪。元朝严格控制"盐引"，因此盐商所获利润很高。元朝重视盐业，诞生了中国第一部记载海盐生产技术的著作《熬波图》。马可到访河北著名的盐产地长芦（今河北沧州市区），仔细观察了制盐方法。

江苏北部沿海地区盛产海盐，被称作两淮盐区。淮安、宝应、泰州、高邮、海州等城，因而兴盛。马可·波罗描述淮安："此城盐产量丰富，可供应四十多座城市。盐税及贸易税是国家重要的财政收入来源。"

扬州，是江南的入口。扬州城市繁华，居民以商业及手工业为生。马可在扬州任官三年，担任的官职大概是"副达鲁花赤"或"理算官"之类，主要负责管理盐的生产和运输、财政数字核算等工作。扬州，是江淮行省治所，驻扎着很多军队，各级官署、官员数量极多。元代扬州地方文献传世至今者不多。元朝刚刚统一南北的时候，官府在扬州和杭州两座城市之间反复迁移，导致很多资料遗失。所以迄今我们还没有在扬州文献中找到马可的名字。

马可从扬州出发，游览江南各城。

真州（今江苏仪征）是长江船运枢纽。马可说："我曾在此城中一次性见过五千艘船在江上通行。我曾听人说，每年溯江而上的船舶超过二十万艘，循江而下的尚未计算在内。"

瓜洲城虽小，但城内囤积有大量粮食，被沿水路运输至大都。马可提到，瓜洲对面江中岩石岛上有一座佛寺，内有僧人二百。此即著名的金山寺。

镇江、常州、苏州等地，盛产丝绸。

苏州人烟稠密，马可打了个比方，说："假如此城之人皆是战士，必将征服世界。幸而他们不是战士，只是商贾与手艺人。"

马可说，人们称苏州为"地城"，杭州为"天城"。此即西方人对"上有天堂，下有苏杭"的阐释。

杭州，是当时世界上最繁华富饶的城市。马可按当时民间口语的习惯，称杭州为"行在"。行在，意为行宫、临时都城，因南宋朝廷偏安杭州而得名。元代民间仍沿用旧名俗称。马可在扬州任职三年之后，大约于1285—1287年居住在杭州。

在杭州期间，马可的身份主要是斡脱商人，有机会接触官府文书和经济数据。

杭州投降时，南宋皇太后曾致文书于伯颜，描述此富丽之城，祈求他转告大汗，希冀他在了解到这是一座极其繁华的城市后，不会对它进行破坏、荼毒。马可读到了这件文书。它最初以汉文写成，马可读到的应该是蒙古文译本。马可按照文书的内容，结合自己亲眼所见的事实，讲述了杭州城的地理、物产、风俗、屋舍、行业，方方面面，细致入微。当然，西湖美景，不可或缺。此外，马可还记述了忽必烈新设立的制度，如防火、夜禁、驻军等措施。

马可对于杭州的洁净卫生，印象尤深。中世纪的欧洲，受卫生条件和观念所限，人们几乎不洗澡，甚至有的人一生只洗一两次澡，体味浓重。到了中国，情况令人愉悦。在元大都，如果条件允许，人人都会去公共浴室洗热水澡,一周至少三次,冬天则一周一次。在杭州,城内有三千座浴室,一座浴室能容纳一百人。

杭州附近的沿海地区同样产盐。马可从当地官员那里获知了杭州的盐税数额(八十万金),以及全年税收总额(四百一十万金)。这些数字很大,乍一看令人感觉很不可思议,实际上与中国史料记载的元朝官方数额是相符的。

马可在杭州,结识了不少商人。有一位老商人,引马可参观南宋宫殿。前殿仍完好如初,后宫已成为废墟,仅有断壁残垣。老商人当年曾与南宋皇家过从甚密,于是告诉马可,南宋繁盛时,宫苑中种植奇花异草,畜养珍禽异兽,帝后妃嫔游湖宴乐,好不自在。如今,御花园的围墙已被拆除,草木与禽兽了无痕迹。马可恍然间觉得,繁华落尽,前朝梦影,如在眼前。

马可听闻,伯颜围攻杭州时,此地发生了一件奇事:

法黑福儿王(南宋皇帝)逃跑时,行在(杭

州）城中许多居民也登船沿大河逃窜，大河又宽又深，从城市一侧流下。当他们沿河逃亡时，水突然完全消失，所有船只都搁浅了。伯颜得知此事后，赶去河边，逼迫所有逃亡者回到城中。他们在河中找到一条大鱼，横挡在河床上，令人瞠目结舌。鱼长一百步，但长并不与宽相称。周身长毛，许多胆子大的人去吃了这鱼肉。但不少人都暴毙了。我本人，马可·波罗阁下，在一间拜偶像派寺庙里亲眼见到了这鱼的头。

亡国之际，往往出现种种怪诞离奇的事。马可所记的这则怪事，基本上可以用自然现象来解释。河水消失，其实是钱塘江退潮。那条大鱼，是一种动物，人们没见过，所以觉得怪异。吃已死的陌生野生动物肉，是很危险的行为，容易感染病菌，甚至危及生命。这些自然现象，在亡国之际出现，就被人们认为是奇事。

马可·波罗沿着大运河经商的五年，财富不断增长。在这条世界最繁荣的经济带上，他也有很多机会与父亲、叔父相聚。他们在杭州的团聚,最为惬意。这座国际大都会,八方辐辏,歌舞升平,商旅云集,物产丰饶,衣食无忧。他们每天经商赚得的纸钞,如雪片一样。

有一天,马菲奥算完账,合上小本子,说:"我们离开威尼斯,已经十七年了。"尼柯洛一如既往,沉默不语。马可突然发觉,不知什么时候,父亲鬓边添了不少白发,看起来已经像是位老人了。

下西洋

1287年春,波罗家族三人从杭州北上,来到上都的宫廷,向忽必烈献上礼物后,请求忽必烈允许他们回到故乡。

忽必烈感到惊讶,问:"告诉朕,汝等甘冒风险,不畏死于路途,所为何故?汝等若缺黄金,朕可倍加赏赐。其他一切诸物,亦听任汝等索取。"

一贯寡言少语的尼柯洛这次却率先回答:"陛下,吾等所欲,并非黄金,乃因故国有妻尚存,按照基督徒之法,妻子在世之日,不得离弃。"

忽必烈说:"在任何情况下,朕均不愿汝等离朕而去。在朕统治之地内,任汝旅居。"

忽必烈不允,他们只得承命告退。

在此时节,却有谍报传来:宗王乃颜在东北发动叛乱。乃颜是成吉思汗弟弟的后裔,所统封地在东北地区,本是忽必烈极信任的宗亲。乃颜却勾结西北叛王海都,想要东西夹击。忽必烈用二十天秘密集结士兵,阴历五月十三日,御驾亲征。

忽必烈时年七十三岁,年逾古稀。

马可的质子情结油然而生,甘愿随军效力,守护大汗。

忽必烈乘上象舆,亲自率领军队,从上都出发,远达呼伦贝尔地区,经过激烈战斗,最终擒杀乃颜,平定叛乱,八月,回到上都。

马可想要返回东南沿海找父亲和叔父,向忽必烈告别时,得到了一项新的任务:下西洋。

古代,"西洋"并不是指今天的大西洋,而是指印度洋。

忽必烈朝中,有一位大航海家:亦黑迷失。亦黑迷失跟马可·波罗身份相似,是皇家侍卫、斡脱商人。亦黑迷失资历更老,1265年便成为皇家侍卫。在马可来华之前,他就已经出海经商了。1287年,他回到宫廷复命。按元朝制度,凡是皇家侍卫出身的人,无论多大的年纪、多高的官职,再回到宫廷时,都要担任侍卫的工作。忽必烈在浴室,看见亦黑迷失侍立,问:

"汝渡海几次了?"亦黑迷失回答:"臣三渡海矣。"

亦黑迷失于 1272、1275、1284 年三次渡海下西洋,主要目的地是印度东南海岸的马八儿国,每次都能带回珍宝、名药。他第三次下西洋,抵达马八儿国以南隔海相望的锡兰国。锡兰,又称僧迦剌,即今斯里兰卡。

忽必烈听闻锡兰有佛钵、舍利等珍宝,命亦黑迷失前去求取。于是,1287 年,亦黑迷失奉命第四次下西洋。马可·波罗跟随他一起前往。他们沿着运河南下,到杭州,再向南,入福建。当他们从泉州出海时,已经是 1288 年初。

他们由泉州航行,向南过海南岛,经占城(今越南中部)。在占城,马可又一次见到了大象。从占城启航,他们继续向南,抵达爪哇(今印度尼西亚爪哇岛)。爪哇在赤道以南。马可观察到,北极星不复可见。由爪哇启航,他们转而向西,穿过马六甲海峡,进入印度洋。

他们在海上,因大风耽搁了一些时日,抵达锡兰时,距离拜别忽必烈之时,已经一年。锡兰是一座大岛。亦黑迷失说，根据水手测量，周长三千六百里，但岛的北部受北风侵蚀，很多土地已经没入海中。马可乘船从海上远望，无法看到岛北部的一片土地，因为其地势极低，要到其近处才能见到。

锡兰盛产宝石，如红宝石、蓝宝石、黄水晶、紫水晶、石榴石等。国王拥有一颗世上最美的红宝石，长约一掌，如手臂粗。忽必烈命使臣携重金求购。但国王答说，不管用世上什么东西，他都不会交换，因为宝石是祖传之宝。

锡兰岛中有一座巍峨高山，处处是悬崖峭壁，难以攀登。当地人在山上挂了许多制作巧妙的大铁链，人可沿着铁链攀至山顶。无论是佛教徒，还是穆斯林和基督徒，都不远万里到此山朝圣。佛教徒说，山顶上有佛祖释迦牟尼的坟墓。穆斯林和基督徒传说，山顶上有人类始祖亚当的坟冢。按第二种说法，这座山就是伊甸园。人们还传说，那里的湖是亚当和夏娃的眼泪形成的。马可对此表示怀疑，因为根据他在欧洲所获得的知识，伊甸园应该不在这里。

亦黑迷失是信佛的回鹘人，愿意相信山顶上有佛祖的坟墓。传说中，佛祖用过的饭钵，以及牙齿和头发的舍利，都保存在此。今天我们知道，释迦牟尼，姓乔答摩（也译作乔达摩），名悉达多，生活于古印度北部迦毗罗卫国（在今尼泊尔境内），坟墓不可能在锡兰。后来锡兰佛教繁盛，所以产生了上述佛祖坟墓的传说。

亦黑迷失、马可·波罗征得锡兰国王同意，取走两颗佛牙舍利和佛钵。马可近距离观察，两颗佛牙，是又粗又大的上颌牙。佛钵，是以绿色斑岩石制成的，非常精美。

他们从锡兰渡海，向北六十里，抵达马八儿国。那是一个土地广阔的大国，沿海地区盛产珍珠。相传那里有一种僧人很长寿，寿命甚至可达150—200岁。他们饮食健康，服用一种能延年益寿的药水。亦黑迷失带上了当地僧人和药水，回归元朝。

1289年冬，亦黑迷失、马可·波罗的使团带着锡兰国的佛钵、舍利，以及马八儿国的良医（僧人）、善药，回到大都。尼柯洛、马菲奥也来相会。

因为有佛钵、舍利这样的圣物，所以忽必烈命百姓出城迎接,场面盛大。

据僧侣们说,佛钵有一种神力:将可供一个人食用的食物放在里面,它会变出可让五个人吃饱的食物。忽必烈立即命人测试。马可也在旁观看,见证了奇迹——像变魔术一样,测试成功了。

古人眼中的奇迹,今天想来,大概是一种魔术吧。

忽必烈的金牌

从印度洋归来后,马可·波罗在忽必烈的宫廷,终于找到了返回威尼斯的机会。

有一支波斯使团,滞留于元朝宫廷,正在寻找归国之路。

这支使团,是1286年从波斯来的。4月,波斯伊利汗国统治者阿鲁浑汗的王后卜鲁罕去世。阿鲁浑汗钟爱卜鲁罕,因此遣使元朝,求娶卜鲁罕同族的女子为妻。使团沿着丝绸之路,也就是马可走过的路,走了八个月,来到中国。

大汗忽必烈接见使团,唤来一位名为阔阔真(Cocacin)的贵族女子,正是卜鲁罕的同族,赐婚阿鲁浑汗。阔阔真年方十七,生得秀丽动人。马可用蒙古语称她为"哈敦"。这是蒙古人对所有贵族女性的通称。现在有人称阔阔真为"公主",是不准确的。阿鲁浑汗是忽必烈的侄孙。忽必烈不可能将自己的女儿嫁给他。阔阔真嫁到波斯，实际上成了"王后"。

忽必烈又将"蛮子国王的女儿"，赐婚伊利汗。蛮子国王，即南宋皇帝。蛮子国王的女儿，就是南宋公主。她的名字，不见于任何记载，而忽必烈赐予波斯使臣"亡宋宫女朱氙氙等三人"。朱氙氙，是一个小小的宫女而已，名字却被《永乐大典》保存了下来。可见史料记载能否流传，有很大的偶然性，与人物地位的高低不并总是成正比。

波斯使团拜别大汗，启程回国，仍走丝绸之路。他们的回国之路很不平坦。1287年夏，乃颜之乱爆发。西北叛王海都起兵响应，导致中亚局势不稳。在叛王的侵扰之下，1288—1289年，斡端（今新疆和田）、可失合儿（今新疆喀什）地区的元朝戍军不断东撤，忽必烈无奈撤销了斡端地区的军队建制。波斯使团护送着贵族女子们，大约行至塔里木盆地，发现道路受阻，只得折返，回到元朝宫廷。他们走了八个月，无功而返，滞留元朝，一筹莫展。

1289年冬，马可·波罗从印度洋归来，为忽必烈讲述海上诸国的新奇事物。他下西洋，往返两年，见闻广博。忽必烈多次召见，听他讲述。

波斯使臣注意到拉丁人马可，便主动与他搭话交上了朋友。他们以波斯语、蒙古语交谈，毫无障碍。波斯使臣略通拉丁语，也让马可感到亲切。

波斯使臣得知，海路可达波斯，而马可有印度洋航海的经验，而且波罗家族三人想要回欧洲。于是波斯使臣觐见忽必烈，说自己滞留中国已两年，恐自陆路归国无望，祈求皇帝恩准取海路回国，并派遣拉丁人波罗家族三人同往，因为马可去过马八儿，熟悉海路。阔阔真也一同恳求。

忽必烈很不情愿，但最终答应了他们的请求。

1290年阴历三月，尼柯洛、马菲奥和马可跟着波斯使团，从元朝宫廷出发。他们沿着大运河，到杭州，在那里稍作休整。当时杭州正开展户口调查，马可因此听闻了户口数字。随后，他们从杭州南下福建，抵达泉州。

八月，东南地方官员统计了波斯使团的人数，共计一百六十人。其中九十人是正式成员，由国家提供食宿。另外七十人，包括诸王派遣的斡脱商人、自愿跟随出海的商人、使臣私自购买的奴仆等。波罗家族三人是正式成员。他们拜别宫廷时,忽必烈赐给他们两面金牌——有趣的是,三人两牌,马可一面,尼柯洛、马菲奥共有一面。波罗兄弟第一次见忽必烈时,两人也只获赐一面金牌。

吹起了回家的风

从泉州回国

古代从泉州出海,必须借助季风,于冬季出航。使团在泉州等待了大半年。波罗家族三人便在福建游历。

泉州拥有当时世界上最大的港口。海外商人都称泉州为"刺桐",因为城中大量种植这种树木。泉州港进口胡椒等香料,数量庞大。马可打了个比方:"假设抵达埃及亚历山大港的胡椒商船是一艘,那么驶入刺桐港口的必定为一百艘。"市舶司按照"十分取一"的比例收取进口税;此外,细货按百分之三十,胡椒按百分之四十四,沉香、白檀等粗货按百分之四十收取运费,每年为国库带来大量收入。

出口量最大的中国产品是陶瓷。福建本地发展出陶瓷作坊,便于出海销售。

在福建侯官,他们见到了发达的制糖产业。忽必烈从宫廷派来的埃及商人,带来了煎糖技术。这些埃及商人,大概包括穆斯林和"主鹘"。"主鹘",即犹太人。类似的制糖商,在杭州、处州也有。忽必烈在杭州设立"砂糖局",管理制糖,供应宫廷。

马可在福州时,同伴中有一个穆斯林告诉他,在附近一个地方,有一群人,信仰一种独特的宗教,非佛教,非伊斯兰教,非基督教。马菲奥和马可前往调查。这些人一开始不愿配合,在得知马菲奥和马可心怀善意之后,向他们展示了家中珍藏的书籍。马菲奥和马可阅读这些书后,开始口译,逐词逐句,翻译出来,发现这是《诗篇》(*Psalter*)的词句。在那里的一个庙宇中,有三位使徒的画像。当地人说,这些都是祖先从七百年前传下来的。马菲奥和马可帮助当地人获得了朝廷的承认,按元朝的惯例,祈福祝寿的出家人,可以享受赋税减免政策。今天看来,这很可能是摩尼教,自唐代传入中国,最终进入福建民间。

冬季到了,吹起了回家的风。1291 年初,使团登上福船。福建当地建造的尖底海船,称为福船。这支船队,共有十四艘船,每艘船有四桅。在泉州等待了大半年,使团从一百六十人增加到了六百余人。其中多数是想出海谋利的人。

船队航行三个月，抵达爪哇。马可不知道的是，第二年，即1292年，亦黑迷失会再次来到这座岛。亦黑迷失奉命随军征爪哇，但中了当地贵族土罕必阇耶的计策，落败而回。土罕必阇耶借此机会，改朝换代，建立了满者伯夷国（1293—1527年）。元征爪哇失败，忽必烈大怒，没收了亦黑迷失的三分之一资产，不久，又将其还给亦黑迷失。毕竟亦黑迷失只是斡脱商人，不是军队统帅。亦黑迷失仍是富甲一方的大商人，娶了泉州女子盛柔善，晚年居于泉州。

马可的船队从爪哇启航，驶入印度洋，在印度洋上，共经历十八个月，才抵达波斯。船队曾停靠多座大港，或许曾遭遇风浪、盗贼、疾疫或其他意外事件。1293年初，登陆波斯港口忽里模子时，使团原有的九十位正式成员，仅剩十八人。波斯使臣领袖原有三人：兀鲁䚟（Oulatai）、阿必失呵（Apusaca）、火者（Cogia）。最终只有火者一人幸存。幸而阔阔真、南宋公主都安好无恙。当然，那些非正式成员的数量应该还不少。

在波斯湾登陆后，他们得知，阿鲁浑已于1291年亡故，其弟乞合都即位。火者率领马可等人，护送着阔阔真，带着礼物，向西北行。1293年春夏之交，他们在阿八哈耳（Abhar，今伊朗赞詹省阿卜哈尔）遇到了阿鲁浑之子合赞。

合赞是镇守波斯东北部"独树"（呼罗珊）地区的大王。乞合都即位后，合赞不肯俯首称臣。尤其是乞合都即位后强娶阿鲁浑的后妃，令合赞极为愤慨。因此，合赞接见使团后，立即与阔阔真举行了婚礼，只分出一些礼物，让使团带给乞合都。

与波罗家族三人辞别时，阔阔真手执饯行杯，眼含离别泪。

"好去者，前程万里。"

尼柯洛、马菲奥和马可向西北行，抵达大不里士附近的黑山（昔牙黑苦黑，Siyāh-kūh），觐见乞合都。在乞合都的宫廷，他们居留九个月，1294年夏，告辞回国。乞合都赐予他们四面金牌。

在金牌的护持下，他们在伊利汗国一路畅通，向北经过特拉布宗（Trebizond），渡过黑海，抵达君士坦丁堡,再渡海回到威尼斯,时为1295年初。

回国后不久,马可听说,伊利汗乞合都被大臣所杀,合赞登上了汗位。但阔阔真如何了?马可再也没有得到任何消息。按波斯史书记载,与马可阔别三年后,阔阔真便去世了。

马可的朋友们

马可·波罗十七岁离家,四十一岁还乡,一生的黄金时代,都在中国度过。元代中国的开放、多元,塑造了马可·波罗理性的世界观和宽广的胸怀。

马可在中国交往的人,除前文提到的爱薛、亦黑迷失、怯烈之外,还有两位值得一说。

马可在扬州时,结识了镇江的马薛里吉思(Mar Sergis)。1277—1281年,马薛里吉思任镇江路副达鲁花赤,随即定居其地。马薛里吉思,来自中亚大城撒马尔罕(Samarkand,今属乌兹别克斯坦)。他的家族,世代从事制造饮品"舍里八"(sherbat)。这是起源于中东的一种饮品,以葡萄、木瓜、香橙等水果煎制,与蜂蜜调和而成。成吉思汗的四皇子拖雷患病,饮舍里八而愈,因此宫廷中特设"舍里别赤"之职,负责制作舍里八。马薛里吉思为了在中国调制出可口的饮品,遍寻优质水果,赴云南、福建、浙江等地调查,最终选定镇江作为制造中心。他担任的"副达鲁花赤"之职，是地方的"二把手"，实际上，他的主要工作仍是制造饮品。

马薛里吉思定居镇江，因为信仰景教，便出资建"十字寺"，即景教教堂。马可在扬州时，见到两座已建成。后来马薛里吉思又在镇江建造三座，在丹徒、杭州各建造一座。爱薛还帮他上奏，请求减免租税。爱薛在朝中负责一些医药事务，舍里八算是一种养生汤药，因此马薛里吉思与爱薛交往不浅。

马可·波罗在经过中亚时，没有去过撒马尔罕，但在《寰宇记》中用不小的篇幅讲述了撒马尔罕城圣约翰大教堂的一根柱子悬空的奇事，应该就是从马薛里吉思那里听闻的。马可对撒马尔罕的物产描述不多，却说："平原上各式水果极为丰富。"这不正是舍里八制造商马薛里吉思最关心的事吗？

马可的另一位朋友祖立福合（Zulficar），也值得一说。相比马薛里吉思，祖立福合名不见经传。他与马可在何时何地结识，不得而知。但马可对他很信任。祖立福合，是突厥商人，被忽必烈任命为匠官，前往欣斤塔剌思（大约在新疆东北部）开采石棉矿三年。

石棉，是一种防火材料。古代中国人不知其科学原理，但见其呈纤维状，入火不燃，称之为"火浣布"，意为，将这种布料投入火中，它反而能够变干净。在欧洲的传说里，石棉是一种怪兽"撒剌蛮达"（salamader）的皮。这种怪兽，形如巨蛇或蜥蜴，生活在火中。

马可对石棉的兴趣，由来已久。他的父亲、叔父第一次从中国回来时，就带了一件石棉布。那是忽必烈送给教皇的礼物，后来被保存于梵蒂冈圣彼得大教堂。

中国的石棉产于何处？传说中的怪兽存在吗？马可带着这样的疑问，来到中国。开采石棉矿的祖立福合，给了他答案。祖立福合详细描述了石棉开采和加工的过程，让马可相信，传说中的怪兽是无稽之谈。科学和理性，在文化的交流中，逐渐被孕育。

马可·波罗在中国的朋友，是商人、工匠、使者、官员、宫廷中的小侍卫,他们在书中都没有留下名字。也许在马可看来,他的朋友们,像自己一样,都是平凡的普通人,只是遇到了伟大的时代。

毕生珍藏的姑姑冠

今天在威尼斯民间流传着一个故事。传说马可·波罗从中国带回了一位美丽的妻子,因为语言不通、所循风俗不同,她将自己关在楼上,只与马可交流。当马可不在的时候,寂寞的她就独自唱起中国的歌。在她去世之后,人们仿佛能听到威尼斯夜晚的水道上飘荡着歌声。

这个凄美的故事,对于见多识广的人而言,似曾相识。

这是故事,不是历史。人们不免好奇:在历史上,波罗家族三人旅居中国十七年,是否有爱情故事呢?

《寰宇记》对此只字不提,而在威尼斯的档案资料中有一些明确的记载和引人遐想的蛛丝马迹。

先说马可的父亲尼柯洛。1269年,尼柯洛第一次从中国返回时,马可的母亲已去世,尼柯洛就娶了第二任妻子菲欧达丽莎,生下了马可的弟弟小马菲奥。

根据档案资料推算，1295年，波罗家族三人回来时，尼柯洛带着一位名叫玛丽亚的女子和她所生的两个儿子。这两个儿子，都是在1290年之前出生的。显然，玛丽亚来自中国，但她是中国哪里人，是哪个民族的，都没有留下记录。因为尼柯洛的妻子菲欧达丽莎还在世，所以玛丽亚的地位一直未被认可，她的两个儿子也被视为私生子。没过多久，尼柯洛、菲欧达丽莎都去世了。这是1300年以前的事。玛丽亚应该也死于威尼斯。

马菲奥在回到威尼斯后，与一位名叫玛尔塔的女性结婚，没有生育子女，收养了两个女儿。玛尔塔先于马菲奥去世。1310年，马菲奥立下长达七页的遗嘱，宅心仁厚，无微不至。马菲奥在其中重申："在尼柯洛去世之前，我和尼柯洛将家里的男女奴仆都解放了。"马菲奥将自己的遗产分给了所有亲属，包括玛丽亚和她的两个私生子。这也可以算是马菲奥与中国的情谊吧。马菲奥最大的一份遗产，留给了马可。

马可大约在1299年从热那亚出狱，回到威尼斯之后，约1300年娶了一位贵族女性多娜塔（Donata），生下了三个女儿：梵蒂娜（Fantina）、贝莱拉（Bellela）、莫莱塔（Moreta）。在威尼斯的档案中，还出现了她们的姐姐阿格尼丝（Agnese）。1319年，阿格尼丝已经是三个孩子的母亲，因为身体不佳，立下了遗嘱。从年龄上推算，她应该生于马可旅行期间，有可能生于中国。她的母亲是谁？

马可在中国娶过妻吗？他在中国时，正是二三十岁的青年，很难想象他没有任何浪漫的故事。

有读者猜想马可与阔阔真的关系。有的影视剧就将他俩写成了一对恋人。但在《寰宇记》中，马可明确说，波罗家族三人对阔阔真非常照顾，像她的父亲一样。确实，马可比阔阔真年长十六岁，足够当她的父亲了。他对阔阔真的感情，可能还有一层惺惺相惜的意味。阔阔真离家远行时，十七岁。马可难免会想起自己也是十七岁出门远行。

马可认识阔阔真时，旅居中国的日子已近尾声。此前的十多年，他可曾心旌动摇呢？我们可以联想到，他在《寰宇记》中大段描述汉人少女的温婉贤淑以及戒指失而复得的事情。

马可在 1324 年立下了遗嘱。在他的遗产目录中，有一件奇特的物品。其名称 "bogta"，一度难倒现代学者。实际上，这是在元朝蒙古贵族妇女间最为流行的一种冠帽。马可记录了其蒙古语读音。中国文献音译为"孛黑塔"，汉文名称是"姑姑冠"。在元代，起初是蒙古妇女以戴姑姑冠为时尚，后来汉人也效仿。在元代的蒙古语中，"戴上姑姑冠"，就是结婚的意思。为何马可毕生珍藏着这件姑姑冠？而且还作为遗产传给他的女儿？仅仅因为姑姑冠上装饰了黄金和珍珠吗？或许它和一段异国爱情故事有关？

意大利面与马可·波罗

意大利和中国,都以美食而著称,都有面条和饺子。

有一种说法,意大利面是马可·波罗从中国带回去的。真的如此吗?

学者研究发现,马可·波罗的《寰宇记》并未提到此事,这种传说产生得很晚,不早于16世纪,而意大利小麦和面食,有上千年的悠久历史。将马可·波罗和中国说成意大利面的来源,代表了几百年来人们的美好想象。

那么,马可·波罗的《寰宇记》提到过什么中国美食呢?是否可以从中看出马可·波罗的口味偏好呢?让我们来读一读《寰宇记》。

在《寰宇记》中,马可说,中国食物品种丰富。中国的主食,主要是米、黍和粟。这三种谷物,在中国的土地上产量很高,每一斗能种出百斗。中国人不吃面包,仅用三种谷物加奶或肉烹煮成粥。小麦产量不如前述三种谷物高。中国人将收割来的小麦做成馅饼或其他面食。马可还说,在徐州,人们用大枣做"面包"。他说的肯定是大枣馒头。

蒙古草原是肉食天堂。马可详尽描述了蒙古烤肉的方法。人们不需要锅,把羊宰杀之后,将烧红的石头和肉块,层层叠叠,放进被挖空的羊腹中,封上口子,肉就烧熟了。

在杭州,人们喜欢吃鱼。马可说,商人将大量鱼儿从大海沿二十五里水路运输至杭州。西湖中的鱼,数量极多,渔民不时捕捞,肉肥味美,不同季节品质不同。

在云南,昆明滇池中的鱼儿无可尽数。马可赞不绝口:"味道鲜美,世上最佳。"

当时云南人也生吃鸡肉、羊肉、黄牛肉与水牛肉。贫民去屠宰场,索要刚从动物腹中取出来的生肝脏。他们将肝脏切成小块,放在主要以大蒜调成的酱汁里,就这样吃下。其他肉类也以上述方式食用。对这种吃法,马可的态度有所保留。

马可挑剔的主要是食材。因为云南的富人也吃生肉,他们将肉碾碎剁细,放在混合了香料的蒜汁里。"便与我们煮熟的肉类一样美味。"他说。

此外,马可还讲述了云南的蛇肉、福建的乌鸡蛋和老虎肉,以及草原的土拨鼠肉。看来他的口味比较广泛。

马可来中国以后胃口很好,而在中东和中亚的丝绸之路上吃了不少苦。在沙漠地带,他常常遇到咸水,喝了之后会腹泻。在伊朗南部,从忽里模子回起儿漫的途中,饮用水苦涩,面包也很苦,令人难以下咽。

在丝绸之路上,也不乏美食。伊朗的大不里士,环绕着漂亮的花园,满是美味的水果。中亚的席巴尔甘(Sapurgan,今阿富汗谢贝尔甘),出产世界上最好的甜瓜,居民将瓜切成条,晒干再吃,味甜如蜜。在波斯湾的忽里模子、印度洋沿岸地区和苏门答腊,人们都用椰枣树汁酿造棕榈酒,不仅美味,还可治疗水肿、肺病。伊朗东部哈马底(Camadi,今伊朗吉罗夫特),出产大羊,肉肥味鲜。

比黄金还贵的麝香

中国之行,也为马可·波罗一家带来长久的财富和商机。

他们在回国时,随身携带了在中国积聚的财富。途中,他们应该又展开了一些商贸活动。1294年,他们离开伊利汗国,进入特拉布宗,却遭遇重大损失。

特拉布宗,是黑海南岸的小国。1204年,十字军占领君士坦丁堡,希腊人流亡到此建国。

波罗家族三人途经特拉布宗时,受到当权者的盘剥,损失了4000赫帕派伦(hyperpyra),大概相当于威尼斯货币6400小镑。后来威尼斯军队截获特拉布宗货物,用于赔偿威尼斯商人的损失。但到1310年,波罗家族只收到了1000小镑赔偿金,还不到损失额的16%。

尽管如此,他们的财富仍然相当可观。回到威尼斯后,他们就购置了多处房产和土地。他们结成了新的"兄弟商会",两代人共同参与,扩大商业版图。充足的现金资本,让马可不必远行冒险,只需选好投资项目,马可在威尼斯就可坐享其利。

至于商机,不得不提麝香。

二十岁的马可,刚到中国,就在西宁州接触到了麝香。

麝香,是中国青藏高原最重要的出口商品之一。4世纪初,粟特人往撒马尔罕贩卖的商品中,就包括大宗的麝香。这是最早关于麝香长途贸易的记录。中原与吐蕃,皆产麝香。但商人们一致认为,吐蕃所产麝香最佳。阿拉伯商人认为,世上最好的麝香产于青藏高原东北部的朵思麻地区。朵思麻,泛指今青海、甘肃的藏族聚居区,以及四川阿坝的一部分地区。西宁,当然是朵思麻地区最重要的城市。无怪乎马可·波罗在西宁说:"此地出产世界上最好、最细的麝香。"

麝香,产自麝鹿。马可仔细观察过这种动物,说它既像羚羊又像鹿。"脖子、爪子,与羚羊类似。毛发很粗,与鹿相似。头上无角。"他的描述非常准确。他还说这种动物"肉质鲜美",看来是品尝过。

不仅在西宁州,马可还在四个地方提到过麝鹿。四川北部的白城子(蛮子阿黑八里,今陕西汉中)、西藏东部地区(马可称之为"土番")、建都(今四川西昌),都是世界上麝香的主要产地。马可还见到元大都的皇家苑囿中养着很多麝鹿。当然是青藏高原进贡到皇家的。马可·波罗记录了麝鹿的蒙古名字"古德里"(guderi)。

马可描述麝鹿如何产出麝香:每到满月之时,此兽脐带位置的皮肉之间会长出一个血囊,如脓肿物;血囊鼓鼓胀胀,每月都会渗出一点血;猎人抓住它,将此血囊连同皮毛一齐割下来,取出血囊,放在太阳底下晒干;其中之血便是麝香,味道浓郁。在西藏东部地区,此兽数量极多,它们每月散发出大量麝香气味,人们走在路上都能闻到。当地人养有许多恶狗,猎捕了大量古德里,因此这里盛产麝香。

麝香在西方价格高昂。这种价高、便携的商品,最受古代丝绸之路商人偏爱。一般的西方商人,只见过麝香,没见过麝鹿。二十岁的马可,在中国见到麝鹿时，兴奋不已。为了留作纪念，他把晾干的麝鹿头、蹄子、麝香囊中的一些麝香、几对小牙齿随身带到威尼斯。

回到威尼斯以后，麝香贸易成为马可·波罗生意中的重要项目。马菲奥1310年的遗嘱提到，他和侄子马可共同投资麝香贸易。这一年，马可在另一桩麝香买卖中与商人产生纠纷，闹上了法庭。1324年，马可去世，在他的遗产中有三盒麝香，总量超过83磅，价值约为217杜卡特金币，约相当于705克黄金。价值惊人。

这只是马可财富的一小份而已。蚕茧、生丝、丝绸、棉花以及其他各类织物，这些与中国紧密相关的商品，也成为马可后半生商业活动的主要内容。

马可·波罗最终称得上是一名成功的商人，无愧家族"百万"之名。

马可·波罗的故事讲完了吗?

《寰宇记》是在偶然的机会下，编写成书的。马可·波罗与鲁思梯谦在阿迦城、热那亚的两次相会，纯属巧合。

1294年初，忽必烈去世。在消息传到波斯之前，马可已经启程回国了。从此，东西方消息隔绝。1298年，马可在热那亚的狱中时，仍不知道忽必烈已经去世。在他人生的最后二十年，中国的时间仿佛凝固了。也有人偶尔带回关于中国的只言片语，但大汗是一个遥远的符号。只有对马可而言，大汗是忽必烈，是一个对世界充满求知欲的人。

1299年，马可在出狱时，还没有预料到，《寰宇记》这本书将改变自己的后半生。

在当时的欧洲，人们渴求中国知识，但苦于无人能讲述中国。

马可·波罗的《寰宇记》，宛如空谷足音。

《寰宇记》迅速流传,被翻译为拉丁语、意大利各地方言、法语、西班牙语、德语。

当马可·波罗从热那亚返回威尼斯时,就发现《寰宇记》已在各地流传。但马可对《寰宇记》并不满意,自己在狱中的讲述有一些草率含糊之处,而且还有很多重要的事物没来得及讲。他有意修订,与威尼斯的修士们合作,以威尼斯方言、拉丁语撰写修订本。

读者如饥似渴,每修订到一定阶段,就有抄本流传出来。至今流传于世的抄本有一百多种,没有任何抄本的内容是完全相同的。

人们也按照自己不同的需求,给这本书起了不同的名字:《寰宇记》《百万》《东方风土记》《惊异之书》《马可·波罗行纪》。只看书名,谁能想到,这些竟是同一本书呢!

那个时代,欧洲还没有出现印刷术,也没有产生版权、著作权的观念。只要有人愿意读、愿意抄,一本书就会不断流传。抄写者可能会随意窜改、删减,甚至妄自增补。马可·波罗也无能为力。

随着书的流传,马可·波罗作为中国知识的传播者声名鹊起。欧洲的人文学者、天文学家、修士都来向他求教。他在《寰宇记》中没有来得及讲述的知识，有幸被他们记录下来一些。

马可·波罗的知识讲完了吗？

1324年，马可·波罗在临终前，留下了那句著名的遗言："我所说的，还不及我所知的一半。"

马可·波罗留给了世人一笔丰厚的文化遗产。他书中的知识，很快被中世纪的史书、地图、百科全书转载引用，进一步传播，塑造了欧洲大航海和文艺复兴时代的中国观。

在大航海时代的技术发展起来时，人们开始重走马可·波罗之路，寻找中国。

哥伦布正是在熟知马可·波罗的东方知识之后，才启航向西。1492年10月12日，哥伦布首次抵达美洲，他坚信"刺桐"和"行在"就在附近，并且希望能够早日进入大汗之国，向大汗呈上西班牙国王所写的信件。可以说，发现新大陆，是在寻找中国过程中的意外收获。

明清之际的传教士、近现代的探险家，终于能够踏上中国的大地,印证马可·波罗的知识。

在当代,马可·波罗,是一种知识,是一种精神,是一种情怀。学者、记者、旅行家、小说家、教育家、商人,都在以自己的方式,重走马可·波罗之路。

附录一

中外名人谈马可·波罗

马可·波罗(1254—1324年)是中世纪大旅行家,是使西方人了解中国的重要人物之一。他的《游记》(应称《寰宇记》)不仅在西方世界产生了重大影响,也是中国和西方,特别是中国和意大利人民友好关系的历史见证。

——历史学家杨志玖

大洋航道开通以前,西方对于中国等地的了解,全仗中东及内亚诸处居间介绍,只有《马可·波罗游记》等少数实地经验的报告。

——历史学家许倬云

我相信，在马可·波罗到来之前，丝绸之路一直没有断绝，虽然有一些局部由于战争、宗教等原因暂时不通，但大多数道路是通畅的。其实不是路不通，是我们的人总是在故步自封，不肯向危险的境地跨出一步。马可·波罗是一个了不起的人物，因为他敢于迈向遥远的东方。

——历史学家荣新江

马可·波罗的故事随着他的传记传遍欧洲。欧洲的文学，尤其是15世纪的传奇文学，都深受其影响，所以《马可·波罗游记》中常出现的一些名字，比如"契丹""汗八里"之类经常出现在那个时代欧洲的文学作品中。

——英国作家赫伯特·乔治·威尔斯

在所有的世纪里，有一些诗人和作家从马可·波罗的游记中获得启发，就像从一个幻想性的异域情调的舞台背景获得启发一样：柯勒律治在他的一首著名的诗中，卡夫卡在《皇帝的圣旨》中，布扎蒂在《鞑靼人的沙漠》中。

——意大利作家伊塔洛·卡尔维诺

威尼斯出生的马可·波罗向东沿陆路走到了中国,热那亚出生的克里斯托弗·哥伦布向西由海路到达了新大陆。世界由于这两个意大利人而变得更为辽阔了。

——日本历史作家盐野七生

附录二

马可·波罗大事年表

1215年,忽必烈出生。

1220—1222年,丘处机西游,觐见元太祖成吉思汗。

1251年,忽必烈的长兄蒙哥即位,为元宪宗。

1254年,马可·波罗出生。

1256年,忽必烈的弟弟旭烈兀灭木剌夷国。

1258年,旭烈兀兵临巴格达,灭"黑衣大食"阿拔斯王朝。

1259年,元宪宗蒙哥卒于重庆钓鱼城下。

1260年,元世祖忽必烈即位。

1261年(元世祖中统二年),尼柯洛·波罗、马菲奥·波罗兄弟离开君士坦丁堡,向东抵达黑海港口苏达克,随后继续向东觐见金帐汗国统治者别儿哥。

1262年，别儿哥统治的金帐汗国与旭烈兀的伊利汗国爆发战争。波罗兄弟渡过伏尔加河，穿过沙漠，前往中亚大城不花剌。

1265年，伊利汗国旭烈兀卒，其子阿八哈即位。

1266年，金帐汗国别儿哥卒。

1266年（元世祖至元三年），波罗兄弟赴元朝，觐见忽必烈后返程。

1269年4月，波罗兄弟从阿亚思抵达地中海东岸的阿迦城，后返回威尼斯。

1270年，法国国王路易九世发动第八次十字军东征，率军至北非突尼斯，病卒。

1271年（元世祖至元八年），尼柯洛、马菲奥携马可·波罗，开始了第二次东方旅行。

1271年5月，英国王子爱德华、鲁思悌谦及教皇特使梯博·维斯孔蒂抵达阿迦城。

1271年7、8月，尼柯洛、马菲奥、马可·波罗抵达阿迦城。

1271年9月，梯博·维斯孔蒂当选为教皇，号格列高利十世。

1271年底,尼柯洛、马菲奥、马可·波罗从阿迦城出发,乘船抵达小亚细亚的阿亚思。

1272—1274年,尼柯洛、马菲奥、马可·波罗旅经亚美尼亚、伊朗、中亚南部、新疆塔里木盆地南道、河西走廊。

1272年,英国王子爱德华遇刺,康复后返回英国,最后一次十字军东征结束。

1273年初,元军总攻襄阳,南宋守军投降。

1274年夏,尼柯洛、马菲奥、马可·波罗抵达甘州,居一年。

1275年(元世祖至元十二年)夏,尼柯洛、马菲奥、马可·波罗抵达元上都。

1276年初,伯颜兵临杭州,南宋君臣出城纳降,北上觐见元世祖。

1276年(元世祖至元十三年)夏,马可·波罗在元上都。

1277年,元缅边境冲突。

1280年阴历二月,云南行省平章纳速剌丁请征缅国。

1280—1281年，马可·波罗出使云南。

  1281年，云南行省平章纳速剌丁遣怯烈到大都奏边事。

1281年（元世祖至元十八年），马可·波罗返回大都。

  1281年，忽必烈第二次派兵征讨日本，遇台风，失败。

  1281年阴历九月，忽必烈畋于近郊。

1281—1287年，马可·波罗沿大运河经商、任官。

1282年（元世祖至元十九年）阴历三月，马可·波罗在大都。

  1282年阴历三月，宰相阿合马遇刺。

1282—1284年，马可·波罗在扬州任官三年。结识镇江的马薛里吉思。

1285—1287年，马可·波罗居杭州。

  1283—1286年，孛罗、爱薛出使波斯。爱薛继续出使欧洲，并返回元朝。

  1286年4月，波斯统治者阿鲁浑汗的妃子不鲁罕去世，阿鲁浑汗遣使元朝求赐婚。

1287年（元世祖至元二十四年），马可·波罗随元世祖忽必烈亲征，平定乃颜之乱。阴历五月，自上都出发，远达呼伦贝尔地区，最终擒杀乃颜，阴历八月，回到上都。

1287—1289年，马可·波罗随亦黑迷失，出使印度洋锡兰、马八儿国，取佛钵、舍利、良医、名药。

1288年（元世祖至元二十五年），马可·波罗到访占城、锡兰、马八儿。

1289年（元世祖至元二十六年），马可·波罗出使印度洋归来。

1290年（元世祖至元二十七年）阴历三月，尼柯洛、马菲奥、马可·波罗随波斯使团沿大运河南下，经杭州，抵达泉州。

1291年初，尼柯洛、马菲奥、马可·波罗从泉州出海。经爪哇，驶入印度洋。

1291年，伊利汗国阿鲁浑卒，其弟乞合都即位。

1292年，亦黑迷失奉忽必烈之命随军征爪哇，失败。

1293年初，尼柯洛、马菲奥、马可·波罗登陆波斯港口忽里模子。

1293年春夏之交,尼柯洛、马菲奥、马可·波罗抵达阿八哈耳,觐见阿鲁浑之子合赞。

1293年6月,尼柯洛、马菲奥、马可·波罗抵达大不里士附近的黑山,觐见伊利汗乞合都。

1294年2月18日(至元三十一年正月二十二日),忽必烈去世。

1294年,尼柯洛、马菲奥、马可·波罗拜别乞合都,回国。

1295年初,尼柯洛、马菲奥、马可·波罗抵达威尼斯。

1295年,伊利汗国乞合都卒,合赞即位。

1298年,马可·波罗在海战中被俘,被关进热那亚监狱,与鲁思悌谦重逢。《寰宇记》成书。

1299年,马可·波罗出狱,返回威尼斯。

1300年,尼柯洛去世。

1310年,马菲奥去世。

1324年,马可·波罗去世。

附录三

推荐书目

冯承钧译:《马可波罗行纪》,上海:上海书店出版社,2000年。

冯承钧译,党宝海新注:《马可波罗行纪》,石家庄:河北人民出版社,1999年。

彭倩译,马晓林校:《马可·波罗行纪》,北京:作家出版社,2024年。

张星烺译:《马哥孛罗游记》,厦门:厦门大学出版社,2021年。

A.C. Moule and Paul Pelliot, *Marco Polo, The Description of the World*, London: Routledge, 1938.

[英]慕阿德、[法]伯希和:《马可·波罗寰宇记》(英文影印版),上海:中西书局,2017年。

党宝海:《马可波罗眼中的中国》,北京:中华书局,2010年。

杨志玖:《马可波罗与中外关系》,北京:中华书局,2015年。

荣新江、党宝海编:《马可·波罗研究论文选粹(中文编)》,上海:中西书局,2021年。

荣新江、党宝海编:《马可·波罗研究论文选粹(外文编)》,上海:中西书局,2022年。

马晓林:《马可·波罗与元代中国:文本与礼俗》,上海:中西书局,2018年。

荣新江、党宝海主编:《马可·波罗与10—14世纪的丝绸之路》,北京:北京大学出版社,2019年。

李治安:《忽必烈传》,北京:人民出版社,2004年。

[瑞士]傅汉思著,党宝海、马晓林、周思成译:《马可·波罗到过中国:货币、食盐、税收的新证据》,北京:北京大学出版社,2022年。

[英]约翰·拉纳著,姬庆红译:《马可·波罗与世界的发现》,上海:上海三联书店,2015年。

[日]高田英樹译:《世界の記:「東方見聞録」対校訳》,名古屋:名古屋大学出版会,2013年。

［日］高田英樹:《マルコ・ポーロとルスティケッロ:物語「世界の記」を読む》,东京:近代文艺社,2016年。

后记

写这本书,是非常快乐的过程。

马可·波罗是谜一样的人物。700年来,多少人为他着迷。

我正式投身马可·波罗研究,已有12年。2018年出版的拙著《马可·波罗与元代中国:文本与礼俗》,对未来研究的新可能性提出了一些展望,在学术界得到了很多正面反馈。在出版座谈会上,我的两位恩师南开大学李治安教授、王晓欣教授鼓励我,不仅要做好研究,也要承担起将学术成果向大众传播的责任。我知道,有人曾提问:"马可·波罗到过中国吗?"南开大学的前辈学人杨志玖先生(1915—2002年)早已根据史料做出了完美的解答。可惜杨先生的学术著作仍不为广大读者所知。

我在参与媒体采访、讲座、影视纪录片等活动期间，接触到更广大的受众，也逐渐萌生了为马可·波罗写一部传记的想法。近年国内外研究的发展，让我有幸积累了不少新资料和新观点。

为纪念马可·波罗诞辰770周年、逝世700周年，上海世纪出版（集团）有限公司徐如梦老师热情约稿，我欣然应允。

小读者们的提问，妙趣横生，激发了我很多灵感。本书与严肃的学术性传记不同，更注重趣味性。我从积累的资料中，选取了一些有趣的内容，与大家分享。

本书每个章节的基础史实，都来自史料、专著和论文。限于体例，附录的推荐书目只选了一些便于读者查找的。详细的注释和参考文献，留给我正在准备的新书《马可·波罗传》吧。

12年前，我加入北京大学荣新江、党宝海两位老师领衔的读书班，翻译和研读马可·波罗的《寰宇记》。读书班师生的译文、注释和著述，令本书受益良多。写作期间，重读杨志玖先生、蔡美彪先生（1928—2021年）、陈得芝先生等前辈的相关论文，常读常新。日本学者高田英树先生的两部著作、渡边健哉的专著《元大都形成史の研究》,是我案头常用的参考书。意大利学者席密恩(Samuela Simion)、布尔乔(Eugenio Burgio)、安德烈欧塞(Alvise Andreose),提供了很多意大利文资料。本书引文,也参考了南开大学外国语学院彭倩副教授翻译的贝内代托(Luigi Foscolo Benedetto, 1886—1966年)的1932年意大利语本。在此谨致谢忱。

寒假在家中写作本书时,中国人民大学历史学院讲师求芝蓉提供了很多好建议。关于马可·波罗回程经波斯的行踪、一些中国地名的勘同方案,都采用了她最新论文中的观点,而不采取以往通行之说。初稿完成后,她通读一遍,帮我打磨细节。切磋琢磨,不亦乐乎。

马可·波罗和《寰宇记》的谜,还有很多等待解开。在迄今学术界的研究中,研究马可·波罗本人,是最难的。鉴于资料太少,一个人的喜怒哀乐、秉性爱好,微妙难测。这却正是一般人最关心的东西。按照学术规范,历史学家要尽可能保持客观,若没有十分证据，推论要适可而止，而实际上，每个学者对自己所研究的人物和时代都有自己的想象。每个人心中都有一个马可·波罗。我基于12年来的研读体验，制作了附录二的年表，又在史实基础上，稍稍加了一些联想和想象。不知读者感受如何？

马可·波罗的故事，还有很多，没有讲完。我写完这本书的感受，正如马可·波罗的名言：我所讲的，还不及所知的一半。

2024年3月18日于津南射柳堂

我的读书笔记

图书在版编目(CIP)数据

第一次遇见马可·波罗/马晓林著.—上海:上海书店出版社,2024.5
("第一次遇见"系列丛书)
ISBN 978 - 7 - 5458 - 2370 - 7

Ⅰ.①第… Ⅱ.①马… Ⅲ.①马可·波罗(Marco Polo 1254 - 1324)-传记-通俗读物 Ⅳ.①K835.465.89 - 49

中国国家版本馆 CIP 数据核字(2024)第 071689 号

策划编辑 徐如梦
出版统筹 杨英姿
责任编辑 张　冉　胡美娟
封面设计 周伟伟

第一次遇见马可·波罗

马晓林　著

出　　版	上海人民出版社
	上海书店出版社
	(201101　上海市闵行区号景路 159 弄 C 座)
发　　行	上海人民出版社发行中心
印　　刷	上海商务联西印刷有限公司
开　　本	787×1092　1/32
印　　张	6.875
版　　次	2024 年 5 月第 1 版
印　　次	2024 年 5 月第 1 次印刷
ISBN 978 - 7 - 5458 - 2370 - 7/K・495	
定　　价	49.00 元